시키는대로 책쓰기 플래너 1

60일 ^{종이책} 초고완성

시키는대로 책쓰기 플래너 1
60일 종이책 초고완성

지은이 김지혜(올레비엔)
지은이 이메일 bnseoul66@gmail.com
디자인 김지혜(올레비엔)

발 행 2023년 08월 01일
펴낸이 한건희
펴낸곳 주식회사 부크크
출판사등록 2014.07.15.(제2014-16호)
주 소 서울특별시 금천구 가산디지털1로 119 SK트윈타워 A동 305호
전 화 1670-8316
이메일 info@bookk.co.kr

ISBN 979-11-410-3791-8
가 격 24,000원

www.bookk.co.kr

김지혜(올레비엔) 지음

 시키는대로 책쓰기 플래너 1

60일

종이책

초고완성

보통사람의 이야기에
빛을 더하면 책이 된다.

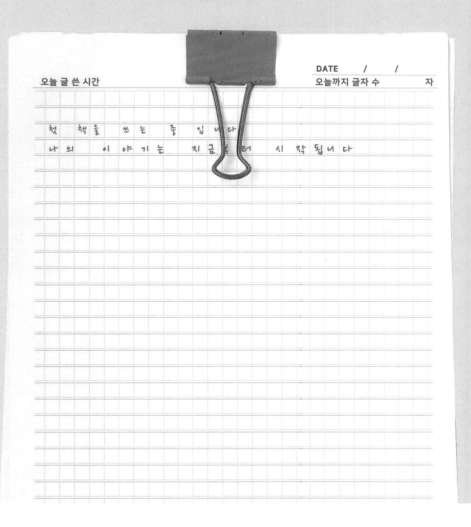

BOOKK

60일 종이책 초고완성

『시키는 대로 책쓰기 플래너』 시리즈의 구성
머리말

01 일차 -0자

15 일차 -21,000자

31일차 -69,000자

46일차 -10,8000자

60일차 -탈고

📖 『시키는 대로 책쓰기 플래너』
시리즈의 구성

수많은 책쓰기에 대한 책이 있는데도, 작가의 꿈을 이룬 사람은 많지 않다. 책쓰기의 어려운 점은 글쓰기의 기술뿐 아니라 일정 관리, 원고 작성의 실질적 과정들을 효과적으로 관리해야 한다는 점이다. 이 책은 글쓰기의 기술적 문제보다도 과정에 집중했다. 한 번도 책을 써보지 않은 사람이 매일 학습지 선생님과 한 단계씩 문제를 해결해 나가면서 책을 완성하는 경험을 함께 하는 것 같은 경험을 할 수 있도록 구성하려고 노력했다. .

『시키는 대로 책쓰기 플래너』시리즈
1편 『60일 종이책 초고완성』 초고를 완성하는 방법과 일정
2편 『90일 종이책 작가 되기』 POD 자기출판으로 책을 만드는 과정

『60일 종이책 초고완성』
45일간의 초고 쓰기, 15일간의 퇴고 후 탈고

60일 종이책 초고완성』은 초보 작가들이 가장 어려워하는 초고를 쓰는 일정을 제시한다. 책의 주제를 정하고, 목차를 구성하고 초고를 쓰는 방법을 과제와 함께 매일 한두 시간씩 해결해 나가면 된다. 이 책의 구성은 어떻게 보면 뒤죽박죽이라고 생각될 수도 있다.

60일이라는 시간 안에 원고를 쓸 수 있게 일정을 구성하려면, 글쓰기가 무엇인지 이해하기도 전에 목차를 먼저 써야 하기 때문이다. 초보자가 몇 달씩 원고를 쓰면, 완성할 확률이 매우 희박해진다. 60일 안에 원고를 완성할 수 있도록, 당장 목차를 만들고 나서, 초고쓰는 법이나, 글쓰기에 대해서 나중에 설명한다.

글을 잘 쓰는 방법은 이 책에는 별로 없다. 하루하루 써야 하는 부분과 의미를 설명하기에 바쁘다. 일주일 동안 목차를 쓰고, 다음에는 머리말을 써야 한다는 등의 일정을 주로 제시한다. 초고를 쓰는데도, 어느 정도 방법이 있기 때문이다.

글쓰기, 초고를 쓰는 법은 사실 배울 수 있는 분야는 아니다. 작가의 언어는 누가 가르쳐 줄 수 있는 것이 아니다. 그러나, 매일 써야 하는 분량, 메모를 활용하는 법 등은 충분히 공유할 수 있다. 어려운 과정은 아니지만 모든 것을 혼자 해결해야 한다면, 시행착오를 거치고, 시간 낭비를 할 수밖에 없다. 나와 <90일 작가 되기>의 작가들이 책을 쓰면서 했던 고민과 시간이 가져다준 노하우를 함께 담았다.

『90일 종이책 작가 되기』
내지 편집: 한글프로그램 - PDF 파일
표지 디자인: 미리캔버스 - PDF 파일
등록: <부크크>
유통: yes24, 교보문고, 알라딘 등 온라인 서점

『90일 종이책 작가 되기』의 특징은 출판이나 디자인에 문외한인 사람도 스스로 자신의 책을 완성할 수 있도록 가장 쉬운 방법으로 책을 만든다. 한국인이라면 <한글> 프로그램을 사용하지 못하는 사람이 거의 없으리라 보는데, 한글을 이용해서 내지를 편집한다. 한글에는 기본적으로 책 편집을 위한 기능들이 들어있다.

표지는 <미리 캔버스>라는 디자인 플랫폼을 이용해서 만들게 된다. 처음 <미리 캔버스>를 사용하는 사람이라도 쉽게 배울 수 있다. 이렇게 완성된 책은 POD출판 플랫폼 <부크크>를 통해서 등록하고 출판하게 된다. (Publish On Demand:POD 방식은 1권씩 인쇄해서 판매하는 주문 후 생산 방식으로, 비용이 전혀 들지 않는다.)

<부크크>에 등록하면 교보, 알라딘, Yes24 등 온라인 서점을 통해서 판매도 가능하다. 책 편집에서 판매까지의 모든 과정이 담겨 있다.

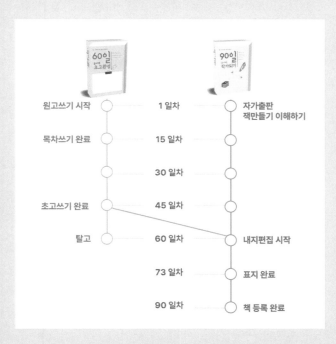

***이 책의 판형은 불편하고 비싼 A4 크기로 제작 되었다. 원고나 목차를 프린트해서 책에 끼워 가지고 다니면서 메모할 수 있게 제작했다.

네이버 카페 - 책쓰기: 90일 작가되기 프로젝트
https://cafe.naver.com/90day

『90일 종이책 작가 되기』,『60일 종이책 초고완성』 은 서로 연결되어 있다. 초고를 쓰는 60일간은 원고 를 쓰면서, 『90일 종이책 작가 되기』의 자가출판 과 정을 읽으면서 이론적인 부분을 배운다. 이후 60~90 일까지는 『90일 종이책 작가 되기』를 보면서 책을 만들면 된다. 원고를 쓰는 60일 동안 두 책은 같은 숫자로 연결되어 있다.

같은 숫자의 챕터는 같은 날짜에 동시에 보면 된 다. 1~60일까지는 두 권을 동시에 보고, 61일부터는 『90일 종이책 작가 되기』만 보면서, 책을 편집하고, 표지를 디자인하고, 등록하는 과정을 남은 한 달간을 마치면 된다. 두 책은 서로 연결되어 있으면서도 필 요한 책만 선택할 수 있도록 독립적으로 완결하려고 했기 때문에, 불가피하게 겹치는 내용이 있을 수 있 다. 두 권을 매일 동시에 진행하면 온라인 책쓰기 수 업에 참여하는 것과 완전히 똑같은 과정을 수행하게 된다. 자가출판의 프로세스를 배우면서 원고도 쓸 수 있다.

두 달 뒤의 ＿＿＿＿＿＿＿작가님께,

60일 초고쓰기는 순서에 따라 쓰기만 하면 60일 안에 초고를 완성할 수 있도록 구성했다. 초고를 쓰기 시작하기 전에 자가출판 작가가 알아야 하는 여러 가지 내용이 있다. 그러나, 60일 안에 자가출판의 과정을 이해한 뒤에 초고를 쓰기 시작한다면, 책쓰기 일정이 길어질 수 밖에 없다. 우리는 덮어놓고, 목차를 쓰기 시작하고, 겁 없이 시작할 것이다.

마감에 쫓긴 원고의 완성도가 더 높다/ 현실적으로 작가가 책을 쓰는데 집중할 수 있는 시간은 그렇게 많지 않다. 우리의 삶은 지루한 일상으로 시간이 멈춘 것 같다가도 책을 쓰기 시작하면 책을 못 쓰는 이유가 매일 생긴다. 60일이란 기간을 임의로 정했지만, 많은 작가들이 초고를 쓰는데 투자하는 시간이다. 다른 책들에서도 초고는 한두 달 안에 완성하라고 조언한다. 초보 작가일수록 마감 안에 글쓰기를 완성하는 것은 중요하다. 마감 안에 완성한 글의 완성도가 더 높기 때문이다.

시간에 쫓겨 완성한 글의 완성도가 더 높다는 말이 이상하게 들릴 수 있다. 글쓰기는 예쁘게 만두를 빚는 것과 같다. 설날에 가족들이 모여 앉아 만두를 빚는 모습을 관찰해보자. 경험이 많은 어머니는 빠르고 정확하게 만두를 빚어내지만, 초보자는 아무리 시간을 들여도 예쁜 만두를 빚어내기는 어렵다. 못난 만두 모양에 뿔이 나서 작정하고 시간을 들여

만두 모양을 고쳐봐도 시간이 지날수록 모양은 흐트러지고 결국은 어딘가 터지거나 문제가 생기고 만다.

글쓰기도 훈련이다. 비숙련자는 시간을 들여도 처음부터 예쁘게 만들기가 어렵다. 너무 오래 가지고 있으면 만두처럼 터져버린다. 오랫동안 원고를 매만지다가 결국, 완성작 하나 없는 안타까운 상황을 많이 봐왔다. 그래서, 경험이 적은 작가들은 마감을 지켜 빠르게 써낸 글이 완성도가 더 높은 경우가 많다.

현실적으로도 어려움이 많다. 원고작성을 어떤 프로그램으로 어디서부터 어떻게 시작해야 하는지 모르는 사람이 60일이라는 시간을 효율적으로 사용하기는 어렵다. 그래서, 오늘 할 일을 대신 알려주고 싶었다. 이 책의 과정이 정답은 아닐 수 있지만, 60일 원고 완성하기를 경험해 본다면, 다음에는 얼마든지 자신만의 예쁜 만두를 빚을 수 있을 것이다.

시작하고, 걷다보면, 그날이 온다/ 무작정 시작하는 것의 장점도 있다. 초심자가 가끔 좋은 결과를 얻는 것은 두려움 없이 실행하기 때문이다. 책쓰기도 마찬가지다. 모든 작가가 자신이 원하는 100%의 결과를 내는 것은 아니다. 초보 작가가 첫 책을 내면서 모든 면에서 완벽하기를 기대하는 것보다는 한발 한발 앞으로 나가면서 책을 완성한 경험을 가지는 것이 중요하다. 나는 책으로 혼자 글쓰기를 결심한 사람에게 응원이 되고 싶었다

작가는 글을 완성한 사람이고,
독자는 글을 사랑한 사람이다.

올레비엔

60일

종이책

초고완성

🕐 20분소요 / 매일 알람을 맞추고 글쓰기를 하는 것이 집중력 향상에 도움이 된다.
1.날짜 계산기를 이용해서 마감 정하기

처음 책을 쓰는 사람은 60일 안에 책 한 권의 분량을 쓰는 것에 공포를 느낀다. 보통은 오랜 시간 준비해서 책을 써야 한다고 생각하기 마련이다. 물론 몇 년을 준비해서 써야 하는 책도 분명 있다. 그런데 첫 책을 쓰는 사람은 완성을 경험해보는 것이 더 중요하다. 첫 책부터 원하는 메시지를 명료하게 써낼 수 있는 사람은 별로 없기 때문이다. 충분히 관심만 기울인다면, 충분히 열정을 가지고 있다면, 60일은 초고를 쓰기에 적당한 기간이다. 게다가 세상은 생각보다 빠르게 바뀐다. 이 책을 쓰는 동안에도 전자책에 대한 정책이 바뀌어서 전자책에 대한 부분 전체를 삭제해야 했다. 어떤 분야의 책을 쓰든지 반년만 넘으면 제도나 환경이 바뀐다. 그리고, 쓰는 사람의 열정도 식어간다.

빠르게 쓴 책이 트렌드에 강하다/ 대화형 인공지능 서비스인 Chat GPT도 한참 열풍이 불었는데 처음 얼마 동안 많은 작가들이 빠르게 Chat GPT에 관한 책을 써냈다. Chat GPT 서비스 개시일로부터 한 달도 안 되는 동안 많은 책들이 쏟아져나왔다. Chat GPT에 대한 책을 몇 년 동안 준비해서 쓴다면, 출간할 즈음에는 쓸만한 내용은 하나도 없게 된다. 생각보다 정보의 변화는 매우 빠르고 책이라는 매체가 정적인 것으로 생각하지만, 그렇지 않다. 모든 책은 시대와 트랜드를 담아야 강해진다. 심지어 오래된 고전조차도 시대에 맞춰 재조명 받기도 하는 것을 생각한다면, 시간이 흘러 과거의 이야기가 되어버리기 전에 원고를 빨리 마쳐야 한다.

문학에도 현재성이 있다/ 에세이를 쓰고 있다면, 과거의 경험을 쓰기 때문에 현재성이 없다고 생각할 수 있지만, 그렇지 않다. 가족 간의 갈등을 썼다고 가정해보자. 오랫동안 책을 쓰고 있다면, 책을 쓰는 사이에 갑자기 가족들의 심정을 이해하게 되는 사건이 생길 수 있다. 그토록 이해하지 못했던 가족관계가 한순간에 미안한 마음으로 바뀔 수 있다. 그런 일은 언제나 일어난다. 그러면 책의 내용을 고치고 싶은 마음이 생긴다. 원고의 현재성은 실용서나 교양서만의 문제가 아니고, 에세이나 문학에도 존재하는 이유다. 작가의 마음은 쉽게 바뀌고, 시대가 제시하는 과제 안에 살고 있다.

쓰고 싶은 책을 쓰기 위한 첫 단계/ <90일 작가 되기> 강의에서 만나는 많은 분들이 조사할 자료가 방대해서 '책을 쓰는데 최소 일 년은 걸릴 것같아요'라고 장담한다. 내 이름으로 출간될 책에 시간과 열정을 다하고 싶지 않은 사람은 없다. 그러나, 신입사원에게 전체 프로젝트의 총괄을 맡기지 않듯이, 1년간 조사한 방대한 자료를 책으로 엮으려면 경험이 필요하다. 정보와 메세지가 충실한 책을 쓰고 싶다면 먼저 책을 완성해 본 경험이 바탕이 되어야 한다. 쓰고 싶은 책의 내용이 깊고 방대 할수록 먼저 가벼운 주제의 책을 완성하는 경험을 해보라고 조심스럽게 권한다.

명료성을 지키기 위한 최소한의 시간/ 이 책은 초보 작가들을 위한 책이다. 60일을 넘겨서 초고를

6
0

쓰다 보면 마음이 갈대처럼 흔들린다. 담고 싶었던 메시지를 스스로 의심하게 되거나, 내용이 방대해지기도 한다. 옥석을 가려서 일목요연하게 쓰는 힘이 있다면 좋지만, 그것 역시 훈련과 경험의 영역이다. 선명한 메시지를 책에 담고 싶다면 빠르고 간결하게 쓰는 것이 명료성을 지키는 방법 중에 하나다.

우리는 초고를 완성하는데 총 60일간의 시간을 할애하기로 한다. 45일간은 초고를 쓰고, 15일간은 퇴고를 하는데 시간을 할당했다. 온라인으로 운영하는 <90일 작가 되기> 강의에서도 같은 일정으로 진행되고 있고, 많은 분이 시간 안에 책을 완성해 냈다. 총 45일간 매일 한두 시간씩 꾸준히 원고를 쓴다면 충분히 가능하다. 60일 안에 원고 쓰기를 마치고, 시키는대로 책쓰기 플래너 2권인 『90일 종이책 작가 되기』를 보면서 61일차 부터는 꼭 내지편집을 시작해야 한다. 하루를 넘기기 시작하면, 책 만들기 일정은 끝없이 연장되고 있을 것이다.

첫날 활동으로는 오늘 날짜를 적고, 초고를 마감할 날짜와 개별 일정에 필요한 마감 날짜를 확인하는 것으로 책쓰기를 시작하기로 한다. 초고를 쓰는데 45일, 퇴고를 하는데 15일 총 60일을 할당하면 좋다. 오늘은 전체 일정에서, 집필 시작일에 오늘 날짜를 적고, 인터넷에서 날짜 계산기를 이용해서 나머지 날짜를 기입하면 된다.

집필시작	년	월	일
46일후 퇴고시작	년	월	일
60일후 탈고	년	월	일

앞으로는 각 페이지 상단에 매일 날짜와 글쓰기에 투자한 시간, 그날 작성할 분량을 함께 적으면서 진행하도록 페이지를 구성해두었다. 매일 아래와 같이 적으면서 글쓰기를 마치면 된다. 오른쪽 페이지 상단에 기입란이 있다.

년   월   일 / 글을 쓴 시간

작성한 글자수

집중이 잘 되는 날은 몰아서 많이 써도 되고, 하루를 빼먹더라도 시간이 날 때 만회 하면서 꼭 45일 안에 초고를 마무리해야 한다. 매일 스스로를 다잡아야 하는 60일이 될 것이다. 한가지 팁이 있다면, 매일 1시간씩 알람을 맞춰놓고 글을 쓰는 것도 좋은 방법이다. 알람을 맞춰놓고 쓰면, 시간을 신경 쓰지 않게 되기 때문에 글쓰기에 더 집중할 수 있고, 매일 비슷한 시간동안 글쓰기를 할 수 있는 장점이 있다.

집필시작	년	월	일
46일후 퇴고시작	년	월	일
60일후 탈고	년	월	일

DAY 02 주제정하기 /기획

1시간 소요 / 책의 형태와 분위기, 글의 구성을 어떻게 하느냐에 따라 같은 내용이라도 더 효과적으로 전달하는 것이 가능하다. 책의 컨셉을 분명히 하는 것이 바로 '기획'이다. 많은 독자와 만나고 싶은 꿈은, 좋은 기획이 현실로 만들어준다. 기획에 필요한 참신한 아이디어와 트랜드를 읽는 감각을 하루 아침에 배울 수는 없다. 기획이라는 상업적이고 어려운 문제를 어떻게 공감할 수 있는 글쓰기로 바꿔나갈 것인가를 하나씩 따져보기로 한다.

책을 쓸 때 가장 먼저 해야 할 일이 주제를 정하는 것이다. 막연하게 책을 쓰고 싶다고 하더라도 무엇을 쓸 것인지를 정해야 한다. 한 사람이 가지고 있는 주제는 여러 가지가 있고, 주제는 결국, 출간 목적에 따라 달라진다. 커리어의 확장을 위해서 책을 쓰거나 자서전을 쓰고 싶은 사람의 출간 목적은 다르다. 어떤 목적으로 책을 쓴다고 해도, 책을 쓰는 행위 자체가 독자를 만나서 공감을 얻기 위함이다. 그렇지 않으면, 서랍 속 일기로도 충분하다.

지금쯤은 '어떤 내용의 책을 써야겠다.' 정도는 이미 마음을 먹었을 것이다. 그렇다면, 주제가 책을 출간하고자 하는 목적과 맞는지 확인해야 한다.

1. 책을 쓰는 목적
2. 누가 읽었으면 좋겠는가?
3. 독자에게 어떤 이익이 생기는가?

위의 내용을 점검하고 책쓰기를 시작하는 것이 좋다. 사실 위의 3가지 항목이 전부는 아니지만, 내가 쓰고 싶은 책이 어떤 역할을 할지를 명확히 규정할 수 있어야 한다. 주제를 정하는 것은 쓰고 싶은 소재를 정하고, 소재로 표현하고 싶은 내용을 확정하고, 내용이 어떤 역할을 할 것인가를 규정해나가는 과정이다. 주제를 정할 때부터, 책의 성격과 목적, 내용을 선명하게 만들어 가는 과정이 시작된다. 아무리 선명한 주제를 쓴다고 해도 글을 쓰는 과정에서 여러 가지 생각의 잡음들이 끼어들 것이기 때문이다.

1. 목적에 부합하는가/ 책을 쓰고 싶은 막연한

꿈으로 시작했을 수 있지만, 책을 구상하기 시작하자마자 현실적인 이유가 따라온다. 책은 경력에서 한 줄을 차지할 뿐만 아니라, 작가의 정체성이 되기 때문이다. 요즘에는 안정된 직장의 회사원이나 노년의 어르신까지 경력이 필요한 시대이다. 필요에 따라서 강의 교재나 실용서를 쓸 것인지, 에세이나 문학을 쓸 것인지, 판매용인지, 무료 배포용 책인지를 먼저 결정해야 한다. 책의 목적에 따라서 글의 내용과 형식, 제목, 심지어 작가의 이름까지 달라진다.

배포용 책을 만든다면, 원가를 줄이기 위해서 전자책으로 만들 수도 있고, 강의 교재를 만든다면 수강생이 구매할 수 있을만한 가격대와 분량으로 접근해야 한다. 경력에 도움이 될 책을 쓴다면, 경력이 될 만한 키워드를 끼워 넣어야 한다. 힘들게 쓴 책은 작가에게 가장 가치 있다. 책은 작가의 세상을 비추는 거울이 되고, 기회의 문이 된다. 그렇기 위해서는 책의 목적성이 분명해야 한다.

2. 누가 읽었으면 좋겠는가? (타겟 독자층)/ 타겟이 되는 독자층은 책의 컨셉이며 시작이고, 고객이며, 목적지이다. 도착하는 역이 어딘지 모르고 출발하는 기차는 없다.

요리책을 가정해보면 쉬운데, '한국요리'와 '엄마와 함께하는 3분 요리'라는 책이 있다고 가정해보자, '한국요리'는 범주가 너무 커서 어떤 한국요리 책인지 알기 어렵다. 전통요리일 수도 있고, 일상요리일 수도 있다. 심지어 요리의 역사인지, 요리법 책인지도 불분명하다. '엄마와 함께하는 3분 요리'는 아이들을 위한 책이라는 것을 한 번에 알 수 있고, 난이도가 쉬운 요리법일 것이 예측 가능하다. 아이와 함께 요리할 계획이 있는 사람이라면 관심을 가질 수 있다. 독자의 범위가 매우 넓은 '한국요리'는 목적지를 모르는 기차와 같다. 어디로 가는지 모르는 기차를 타는 사람은 없듯이, 목적지를 분명하게 알려주면, 독자들이 책을 선택할 때 우선 순위에 두게 된다. 특정 독자층을 설정하면 책의 주제나 내용 심지어는 디자인까지도 범위를 좁혀나갈 수 있고, 독자에게도 이해하기 좋은 책이 된다.

목적지를 알면, 작가에게도 쉬워진다. 서울 가는 기차는 타고 싶은 사람도 많지만, 서울가는 방법은 다양해서 굳이 기차를 탈 필요가 없다. 반대로, 오지로 가는 기차를 만들면, 이번에는 탈 사람이 별로 없다. 독자층을 정한다는 것은 이런 것이다. '요리'라는 사람들의 관심이 많은 노선의 운행을 결정하고, 거기서 가장 효율적인 목적지를 찾는 것이다. 누구나 볼 수 있게 타겟 독자층이 넓은 책은 그만큼 평범하다고 볼 수 있다. 갈수록 분야가 세분화 되는 시대에는 평범함과 보편성만으로는 독자의 선택을 받기 어렵다.

<90일 작가 되기> 온라인 강의에서 투고를 통해 출판사와 계약에 성공한 작가님들이 있다. 이들의 성공비결은 타겟이 한정적이고, 명확했다. 최영 작가님의 『해외 영업 바이블』, 이용호 작가님의 『나는 시니어 인플루언서다』가 대표적이다. 둘 다 제목에 명확하게 타겟팅이 잘 되어있는 사례라고 볼 수 있다. 이렇게 책의 컨셉과 목적이 분명할 때, 독자의 관심을 얻으면서, 쉽게 선택받을 수 있다.

3. 독자에게 어떤 이익이 생기는가/ 작가가 언제나 고민해야 할 문제이다. 작가는 어떤 글에서도 자유로워야 하지만, 궁극적으로는 독자를 설득하는 것이 목적이다. 설득의 가장 좋은 방법은 독자에게 가시적인 이익을 주는 것이다. <90일 작가되기>라는

이름 역시 '작가 되기'라는 이익을 이름에 명시한 것이다. 문학적인 도서의 제목은 중의적 표현을 사용할 때도 있지만, 그 역시 감성적 이익을 주거나, 궁금증을 유발하는 경우가 많다. 독자의 시간과 공감은 공짜가 아니다.

책의 주제를 정하는데, '독자의 이익 먼저 생각하는 것이 맞나?' 의아할 수 있다. 독자의 이익은 책의 차별점이라고 볼 수 있어서, 책의 흥행에 어쩌면 가장 기여도가 높은 부분이라고 할 수 있다. 앞서 기차노선을 정할 때, 노선이 너무 몰리지도 않고, 사람들도 많이 필요로 하는 적당히 수요가 많은 노선을 찾았다고 가정하자. 이제는 사업을 확장해서 기내식 서비스를 하기로 결정하는 것처럼, 차별점을 만드는 것이다. 많은 유명한 기차들 사이에서 '기내식이 맛있는 홍대 가는 기차'가 우리가 쓸 책이다.

주제는 선명할수록, 구체적일수록 좋다. 우리는 앞으로 수많은 잡음과 내적 갈등을 만나게 될 것이기 때문이다. 시간을 들여 주제를 정해보자.

1. 책을 쓰는 목적

2. 누가 읽었으면 좋겠는가?

3. 독자에게 어떤 이익이 생기는가?

DAY 03 분량 / 키워드

🕐 1시간 소요 / 오늘은 무언가를 써야겠다는 생각을 내려놓고, 생각나는 모든 키워드를 다 적어보자. 누군가와 전화통화를 하면서 나도 모르게 낙서를 하듯이, 생각나는 모든 단어를 적어보고, 제시어에 맞는 단어도 모두 적어보자.

초보 작가에게 분량은 넘어야 할 산이면서, 감을 잡기 어려운 감각이다. 전통적인 책의 분량이라고 할 수 있는 일반적인 단행본 200쪽을 기준으로 한다.

1. 200쪽 단행본 한 권의 분량
A4 글씨크기10pt 100장 내외
글자 수 10-16만자

2. 작고 읽기 쉬운 종류의 책들
150쪽 내외의 시집 크기의 단행본
A4 글씨 크기10pt 50장 내외
글자 수 7-8만 자

상업적으로 판매되는 책은 200쪽 내외로 기준점을 잡고 있지만, 요즘 나오는 책들은 260~300쪽 사이의 책들이거나, 작고 얇은 150쪽 내외의 읽기 쉬운 책들이다. 종류에 따라서 이보다 적어지거나 많아질 수 있다. 책 한 권의 분량을 처음 써보는 작가라면, '과연 60일내에 초고를 완성할 수 있을까?' 의문이 드는 가장 큰 이유는 분량이다. 이 책이 제시하는 일정을 충분히 따라간다면, 누구나 충분히 쓸 수 있다. 온라인에서 진행된 <90일 작가 되기> 강의에서도 많은 분이 시간 내에 글을 써 냈다. 중요한 것은 꾸준함을 유지하는 것이고, 시작 단계에서 계획을 잘 세우면 된다.

목차에서부터 분량을 계획하자/ 책의 설계도인 목차에서부터 분량을 예상하고 충분한 글감을 미리 찾아놓는 것도 중요하다. 목차를 구성하면서부터 분량을 계획하는 것이 중요한데, 한 개의 목차당 보통 2~3쪽 정도 쓰게 된다. 한 목차당 2.5쪽을 쓴다고 가정하면, A4 100쪽을 쓸 때, 목차 40개가 필요하다.

목차 1개당 분량이 다를 수 있지만, 초보작가는 자신이 쓸 항목당 분량을 예상하기 힘들고, 글이 짧아지는 경향이 있다. 때문에, 목차를 구성할 때 넘치게 목차를 구성하고 쓸모없는 부분을 빼나가는 것이 좋다. 150쪽 내외의 책을 쓰려고 계획했다고 해도, 목차는 똑같이 40항목을 준비하는 것이 좋다. 가볍게 쓰면 항목당 분량도 줄어들기 때문이다.

목차 항목 1개 당 = 2.5페이지
100p ÷ 2.5페이지 = 40개의 목차

책 한 권을 구성하는데 최소 40개의 목차가 준비되었다면, 목차를 몇 개의 장으로 카테고리를 나누면 된다. 목차를 구성할 때 가능한 많은 항목으로 구성해야 하는 다른 이유는, 쓰다 보면 내용이 겹치거나, 책의 방향과 맞지 않아서 빼야 할 부분이 생기기 때문이다. 최소 40개 이상이라는 뜻은 40개를 무조건 넘겨서 가능한 많이 쓰라는 뜻이다.

키워드부터 적어보자/ 작가는 목차를 쓸 때부터 어려움을 겪는다. 분명히 쓸거리가 넘치는 주제였는데, 목차 40개을 채우는 것은 쉽지 않다. 목차를 만들기 전 단계로 책의 주제와 목적, 하고 싶은 말을 가리지 말고, 핵심이 되는 키워드를 일단 다 적어봐야 한다. 아무 제한도 없이 생각나는 모든 단어를 다 적는 것이 핵심이다.

5
8

오늘은 목차를 완벽하게 쓰려는 마음을 내려놓고, 책과 관련되는 단어를 무조건 다 적어보자. 오늘 많은 키워드를 발굴할수록 책의 내용이 풍부해진다. 키워드는 생각나는 대로 다양하게 적는다. 책과 관련된 키워드를 가능한 많이 발굴해서 책의 정체성을 정확히 해야 한다. 같은 내용이라도 어떻게 쓰느냐에 따라 책의 방향이 달라진다.

써볼 수 있는 키워드는 가제 / 책의 컨셉 / 쓰고 싶은 내용 / 담고 싶은 메시지 / 독자층 / 책을 쓰는 목적

인터넷도 검색해보고, 다른 책을 참고해도 좋다. 책과 관련된 모든 단어와 키워드를 적어보자. 꼭 목차와 관련된 것이 아니어도 좋다. 책의 정체성을 뚜렷하게 해줄 모든 내용을 적는다고 생각하면 된다.

가제

책의 컨셉

목표분량

책의 크기

책을 쓰는 목적

쓰고 싶은 내용

담고 싶은 메시지

DAY 04 목차1-나열하기

🕐 1시간 소요 / 목차를 쓴다고 생각하지 말고, 책에서 쓰고 싶은 에피소드나 소재를 무작정 나열해서 쓰자. 중요한 점은 쓰고 싶은 내용부터 쓰고, 생각나는 대로 나열하는 것이다. 오늘은 절대 순서를 맞추지 말고, 재미있는 부분에서부터 꼭 짚어야 할 내용을 어지럽게 나열하자.

'주제 정하기'가 책을 구상하는 단계라면 '목차 쓰기'부터는 집필이 시작됐다고 볼 수 있다. 펜을 들어서 책쓰기를 행동으로 옮기는 순간이 목차 쓰기다.

목차는 책의 설계도/ 목차는 책의 설계도이면서 뼈대가 된다. 찰흙 만들기를 요즘도 학교에서 하는지 모르겠는데, 찰흙으로 사람을 만들 때, 철사로 된 뼈대를 만들고 그 위에 살을 붙여나간다. 뼈대는 설계도이면서 구조를 지탱할 힘이 있어야 한다. 책 쓰기에서 목차도 똑같다. 뼈대를 만들면서 완성품의 전체적인 크기를 정하고, 팔은 몇 개나 만들지, 사람일지, 동물일지를 결정하는 것이다. 목차를 몇 가지 항목으로 정하느냐에 따라 책의 전체 분량이 정해지고, 목차를 어떻게 분류하느냐에 책의 구조적인 흐름이 만들어진다. 목차가 얼마나 구체적이고 탄탄한 힘을 가졌느냐에 따라서 책 전체를 지탱할 힘을 가진다.

목차를 만드는 과정에서 우리는 개략적인 책의 모양을 상상해 볼 수 있는데, 뼈대만 있어도 공룡인지 고양이인지 구분할 수 있는 것과 같다. 책의 뼈대가 구체적일수록 글쓰기가 수월해진다.

최소 40개 이상의 목차 어떻게 써야하나/

이미 언급한 것처럼 목차는 최소 40개 정도가 필요하다. 처음 책을 쓰는 사람에게 목차 30~40개 항목을 쓰는것은 쉽지 않다. 책의 내용에 따라서는 30~40개의 목차도 부족할 수 있다. 생각을 세분화하면서 자세하게 목차 항목을 만들어나가야 한다. 원고를 쓰다보면, 미리 준비한 목차가 다른 내용과 겹치거나, 개인적인 이유로 최종적으로는 빼게 되거나, 글로 옮겨보니 논리적으로 부실할 때도 있다. 그래서, 넉넉하게 목차를 만들수록 실제 원고를 쓰는 과정에서 여유 있게 내용을 짜깁기할 수 있고, 책의 내용을 풍부하게 할 수 있다.

목차는 세분화하면서 써 가는 것이 쉬운데, '제주도여행 이야기'를 쓴다고 가정해보면 쉽다.

-제주도여행을 결정하게 된 계기
-여행 준비
-여행 에피소드 1,2,3,
-여행에 동행한 사람의 이야기,
-여행 후기

시간순대로, 인과관계대로, 육하원칙에 따라서, 연상되는 대로, 쓰면 좋다.

3일 안에 목차를 마무리 하자/ '목차 쓰기' 역시 기한을 정해 놓고 써야 한다. 책을 많이 써본 작가라면 당연하게 자신만의 계획이 있다. 첫 책을 쓰는 사람에게 '목차 쓰기'는 막막하기만한 넘어야 할 산이다. 목차를 쓰는데 3시간 정도면 충분하고 최대 3일을 넘기지 말고 목차를 정리하는 것이 좋다. 지금은 어떻게 목차를 완성하더라도, 무엇이 문제인지, 무엇을 보완해야 할지 알 수 없다. 책을 여러 번 완성하더라도, 목차는 언제나 수리 중이다. 시간을 많이 투자해도 앞으로 일어날 시행착오를 막을 수 없다. 방법은 시행착오를 알아챌 시점에 빨리 도달하는 것뿐이다. 목차가 부족해 보여도 초고를 쓰기 시작해야 한다. 목차는 빨리 써야 하지만, 집중해서 써야 한다. 1. 논리적으로, 2. 구조적으로 잘 맞는지, 3. 메시지를 효과적으로 전달할 수 있는지, 4. 빼먹은 이야기는 없는지 항상 점검 해야 한다.

　책쓰기는 꾸준함과의 싸움이기 때문에 의욕이 넘칠 때 집중하는 것도 방법이다. 좋은 책을 쓰겠다는 압박감에 목차를 쓰는데만 일주일을 소비한다면, 본문을 써보기도 전에 글쓰기의 즐거움을 잃어버리게 된다. 첫 책은 아무리 열심히 준비하더라도 시행착오를 거친다. 시간을 많이 투자하더라도 글을 쓰다 보면 빠진 항목을 찾게 되거나 송두리째 순서를 바꿔야 하기도 한다. 그래서 3일이 넘으면 뭔가 부족해 보이더라도 일단은 '초고 쓰기'로 넘어가는 것이 좋다.

　순서대로 쓰면 안 된다/ 목차를 쓸 때 사건의 순서나 개요부터 쓰기 시작하는 경우가 많다. 그런데 신기하게도 순서대로 이야기를 생각해내면 글의 생동감이나 메시지가 흐릿해진다. 생각할 때부터 규격안에서 구상했기 때문이다.

　목차를 구성할 때 중요한 것은 쓰고 싶은 부분부터 꺼내놓는 것이다. 바로 그 부분이 책을 쓰는 이유이며, 메시지이기 때문이다. 어차피 지금 쓰는 목차는 필요에 따라서 다시 재조립하게 된다. 정해진 순서 같은 것은 애초에 없다. 우리는 누가 시켜서 책을 쓰는 것도 아니고, 우리 책을 애타게 기다리는 독자도 없다. 쓰고 싶은 이야기를 쓰는 것이 목적임을 잊으면 안 된다.

　친구와 전화로 여행 다녀온 이야기를 한다고 생각해보면 문제가 쉬워진다. 친구에게 여행 계획부터 설명하는 사람은 없다. 여행에서 있었던 재미있는 일부터 꺼낸다. 목차도 그렇게 꺼내야 한다. 수다에 지쳐서 이야기할 거리가 떨어지면, 여행비용 이야기도 하고, 소소한 이야기도 하게 되는 것과 같다. 목차를 세분화하는 것은 앞으로 더 설명하겠다.

책으로 쓰고 싶은 가장 강렬한 순간을

생각나는대로 적어본다.

오늘 넘치게 써도 된다는 점 잊지 마세요.!!!

57

DAY 05 목차2-손으로 쓰기

⏰ 1시간 소요 / 목차를 완성해서, 책 내용의 큰 그림이 그려졌다면, 손으로 쓰면서 순서를 정하면 좋다. 분류를 문서 작성 프로그램으로 하다 보면, 자유자재로 목차를 끼워 맞추기 어렵다.

목차 손으로 쓰기/ 오늘 목차를 쓸 때 만큼은 손으로 써야 한다. 나는 책 쓰기의 전 과정을 PC로 하고, 메모나, 목차 나열하기를 할 때도 노트북으로 한다. 목차가 어느 정도 정해지고, 확정하는 단계에서는 손으로 쓰면서 목차를 완성한다. 종이에 나열해 둔 항목을 쓰고, 세부 내용을 연상하는 단어를 옆에 메모하거나, 관련 있는 항목끼리 연결하면서 표처럼 만들어나간다.

앞서 말했다시피 목차는 인과관계를 따져서 순서대로 쓰지 않는 것이 비법이다. 순서대로 목차를 구성하는 것은 책을 재미없게 일반화시키는 방법이다. 책의 종류에 따라 다르기는 하지만, 가장 쓰고 싶은 항목부터 써나가야 메시지가 강력한 책으로 구성할 수 있다. 손으로 쓰는 것의 장점은 꺼낼 때는 좋아하는 순서대로였지만, 문서로 정리할 때는 규칙을 가지고 논리적으로 구성하면서 정리할 수 있다는 점이다. 손으로 쓰면서, 책으로 구성할 순서를 정리해보기도 하고, 빠진 내용들을 체크하는 것이 오늘 할 일이다.

현실에서 여행의 순서는 비행기 표를 먼저 사고 여행 준비를 위해 옷도 구매하고, 공항으로 비행기를 타러 가지만 책은 다르다. 여행 가이드 북이라면 이야기의 순서는 순차적으로 책을 써야 독자가 여행 준비를 하기에 좋다. 그러나, 여행 에세이라면 여행을 함축할 수 있는 에피소드를 가장 먼저 들려줘야 재미있다. 여행기를 펼쳤는데, 여행용 옷을 사고 비행기 표를 사는 이야기로 시작한다면, 작가가 여행을 떠나기도 전에 독자는 책을 덮을지도 모른다. 목차는 책을 구성하는 퍼즐 맞추기 게임이다. 똑같은 내용도

어떻게 퍼즐을 잘 늘어놓느냐에 따라서 재미, 메시지 장르까지도 달라진다. 손으로 쓰고, 목차에 동그라미도 치고, 숫자도 달고, 서로 선으로 연결하면서, 목차의 구조와 내용을 구상하자.

목차의 세분화와 구체화/ 오늘 해야 할 일은 가진 모든 에피소드를 꺼내서 진열하는 것이다. 에피소드와 에피소드 사이의 숨겨진 기억까지를 모두 따라가서, 다른 책이 이야기할 수 없는 중요한 순간을 찾아야 한다. 처음에는 에피소드의 덩어리를 찾는다면, 이후에는 소소한 재미와 특별함을 찾아 나가면 좋다.

여행기를 쓴다면,
-방콕 여행 준비,
-방콕 비행기 표 사는법
-인천에서 방콕까지

이런 식으로 목차를 쓰게 되면 책도 무미건조해진다. 친구에게 여행을 다녀온 이야기를 해준다면, 친구가 전화를 받자마자 "나, 여행지에서 소매치기 당했잖아"로 시작할 것이다. 하고 싶은 말로 시작해야 말하는 사람도, 듣는 사람도 재미있는 것이 바로 책 쓰기이고 목차 쓰기이다. 그래서, 구체적이고 강렬한 메시지부터 쓰고, 의도에 맞게 퍼즐처럼 맞춰나가면 된다.

1.방콕 여행 준비 하다가 대판 싸운 일
-친구와 함께
-성향에 따라 달라지는 준비물
-주도권 싸움
2.비행기 표 싸게 살려다가 아프리카 갈뻔한 일
-경유지에서의 여행계획
-이벤트로 싸게 산 비행기 표

5
6

-완벽한 비행, 이상한 티켓

3.인천에서 방콕까지 기내식 대해부

-기내식의 추억

-'하나 더!'가 부른 참극

　위의 내용과 같이 구체적으로 쓰고자 하는 내용을 점점 쪼개나가면서 풍부한 내용으로 만들면 된다. 이야기는 이미 우리의 경험 안에 있으며, 소소한 경험의 공유가 책을 풍부하게 만든다. 책 안에는 금기 따위는 없다. 쓸데없는 이야기도 가치있게 만드는 것이 글이다. 나누고 싶은 모든 경험과 생각을 구체적으로 써나가야 한다.

　목차 쓸 때 꺼내지 못한 내용은 초고를 쓸 때 쉽게 놓치게 된다. 마지막 단계에서는 육하원칙에 따라서 빠진 부분도 찾아내야 한다.

누가

언제

어디서

무엇을

어떻게

왜

담고 싶은 메시지

DAY 06 목차3- 인터뷰

🕐 1시간 소요 / 지금쯤은 대략적인 책의 내용을 설명할 수 있을 것이다. 가까운 사람과 인터뷰를 통해서, 책의 내용과 방향성을 점검할 시간이다. 설레는 마음으로 책을 쓸 것이면서 친구와 수다 떠는 시간이라고 생각하면 된다. 1.인터뷰를 녹음하면서 내용을 기록하자 2.책에 대한 질문을 부탁하자

인터뷰는 목차를 쓸 때 가장 강력한 도구이면서 쉬운 방법이다. 목차가 거의 완성된 사람이나, 도저히 '목차 쓰기'가 어려운 사람 모두에게 효과 있는 만병통치약이다. 인터뷰까지 하고 나면, 목차를 정말 마무리 해야 한다.

1.목차 완성 단계에서 인터뷰/ 목차가 거의 완성된 시점에서 인터뷰는 핵심을 관통한다. 모르는 것의 문제점은, 모른다는 사실을 모르는 것이다. 모른다는 사실조차 모를 때는 타인의 한마디가 도움이 된다. 잘 아는 것의 문제점은, 익숙해져서 안 보이는 부분이 생긴다는 점이다. 이때도 타인의 시점은 중요한 전제를 빼먹는 것을 막아준다. 인터뷰는 객관성을 점검하기 위해 아예 다른 사람의 시각을 빌리는 효과적이고, 쉬운 방법이다.

2. 목차 시작 단계에서 인터뷰/ 인터뷰 방식은 목차를 쓰기 시작할 때도 매우 효과적이다. <90일 작가 되기> 강의에서는 '목차쓰기'를 어려워하는 분들을 대상으로 1:1 인터뷰를 진행한다. 어떤 내용의 책을 쓰려고 하는지 모르는 상황에서 스무고개 하듯이 책에 대한 질문을 던진다.
무엇을 하기 위한 일인가요?
무엇에 도움이 되는 일인가요?
어떻게 준비해야 하나요?
책에 대해 아무 정보도 없는 사람이 던지는 무작위적인 질문으로 시작한다. 목차를 완성 단계에서는, 당연하게 생각해서 기본적인 내용을 독자에게 설명하지 않았는지를 점검 할 수 있고, 목차 작성을 시작하는 단계에서는 쓰고 싶은 내용이 너무 익숙해서, 글의 소재로 인식하지 못하는 경우가 있다. '1000원으로 만드는 자취 요리' 같은 책에 모르는 내용이 있을 리가 없다. 지식이 중요한 것이 아니고, 독자가 필요한 내용이나, 내가 가진 것 중 가치 있는 이야기를 찾아서 좋은 소재를 발굴하는 것이 '목차작성'이다. 혼자 목차를 쓰겠다고 끙끙거릴 때, 독자들이 이미 아는 것과 알고 싶은 것을 구분하기 어려운데, 실제 독자를 불러와서 그 경계를 확인하는 것이 인터뷰다. 보통 아무 배경 지식이 없는 상태에서 책을 읽고, 작가가 어떤 생각이나 의도로 책을 쓰는지 단계별로 설명해야 이해하기 쉽고, 책의 논리가 생긴다. 이때, 잘 이해는 되는지, 논리에 설득력이 있는지 물어보면서 목차를 구성하는 것이 인터뷰를 하는 방법이다.

이런 사람에게 인터뷰 부탁하기/ 인터뷰를 해줄 사람을 잘 고르는 것이 중요하다. 말도 꺼내 전에 부정적인 사람이나, 대하기 어려운 사람은 아무래도 곤란하다. 편안하고, 시간이 충분하며, 거리낌 없이 이야기를 나눌 수 있는 사람이 좋다. 쓰려는 분야에 대해서 잘 아는 전문가보다는 문외한인 사람이 좋다. 책을 쓰겠다고 그저 수다를 떠는 것보다는 한 시간 정도 책 내용에 대해서 구체적으로 물어봐 달라고 부탁해야 한다. 그러면, 생각보다 날카로운 질문에 깜짝 놀라게 된다. 대답하기 어려운 질문들을 쏟아내면서, 핵심을 묻고, 목차의 빈 곳을 채워줄 것이다. 책을 쓰는 것은 한 번도 먹어 본 적 없는 음식의 맛과 조리

법을 설명하는 것과 같다. 아무것도 모르는 사람을 이해시키는 설득의 과정이다. 인터뷰를 해보면, 무엇을 간과하고 있었는지, 다른 사람들이 재미있어하는 부분이 무엇인지 알 수 있다. 인터뷰를 어떻게 할지 모르겠다면, 예시를 잘 활용하면 좋지만, 인터뷰 방법이 정해져 있는 것은 아니다.

　인터뷰의 장점/ 인터뷰로 '목차쓰기'에 좋은 점은, 말을 하는 과정에서 생각이 정리되고, 새로운 아이디어를 얻게 된다는 점이다. 생각은 꼭 언어로 바꿔야 명확해진다. 대략의 목차가 쉽게 정리되어 굳이 인터뷰까지는 필요 없다고 생각되더라도, 가까운 사람, 이야기가 잘 통하는 사람에게 전화를 걸어서라도 가벼운 수다로 책 이야기를 해보고 책쓰기를 시작하면 좋겠다.

　"이번에 책을 써보려고 하는데, 주제는 이런 것이고, 제목은 ○○이고, 내용은 이런 책을 써보고 싶어" "어떻게 생각해?"로 시작해서, 장황하게 책의 내용을 설명해보는 것 자체가 목차가 될 것이다.

　인터뷰 녹음하기/ 인터뷰로 목차쓰기의 가장 중요한 점은 녹음하는 것이다. 통화녹음이나 핸드폰 어플을 이용해서 녹음해 두면 좋다. 메모를 하더라도, 녹음을 해두면 언제라도 참고할 수 있다.

무엇에 관한 책입니까?

왜 책을 쓰고 싶으신가요?

시작하게된 결정적 계기는 무엇입니까?

시작하기 전 당신의 상황은 무엇입니까?

시작한 방법과 과정은 어떠했나요?

가장 중요한 가치는 무엇입니까?

가장 좋은 점은 무엇입니까?

가장 힘든 점은 무엇입니까?

과정에서 장애물은 무엇이었습니까?

어떤 정신적, 물질적 소득이 있었습니까?

시작한 이후로 무엇이 달라졌습니까?

지금 상황은 어떤가요?

당신의 예상은 어땠나요?

당신의 감정은 어땠나요?

1시간 30분 소요 / 1. 최종적으로 목차 정리하기
2. 초고를 쓸 한글파일에 목차 붙여 넣기
3. 목차 2부 프린트 하기

지금까지 목차를 손으로 쓰거나 인터뷰를 통해 앞으로 우리가 쓸 책의 큰 그림을 어느 정도 완성했다. 이제 진짜 책의 목차로 역할을 할 수 있게 정리해야 한다. 내용에 맞게 항목을 그룹화하고, 의도대로 순서를 배열하면 된다. 조금 서글프지만, 독자가 책을 끝까지 읽지 않는다고 가정하고, 중요하고, 재미있는 내용을 앞에 구성한다. 사람들은 첫 부분을 가장 집중해서 읽고, 점점 포기하는 이탈자가 많아진다. 힘들게 만난 독자가 이탈하기 전에 보여주고 싶은 내용을 먼저 보여주는 것도 전략이다

목차 조립하기/ 이제 책을 구성하는 부품을 모두 준비했다. 이제 보기 좋게 조립하면 된다, 좋은 재료도 중요하지만, 완성도는 보기 좋게 조립하는 것에 달려 있다. 같은 재료도 어떻게 조립하느냐에 따라 다른 책이 된다. 많은 글쓰기 책이 있지만, 재료는 크게 다르지 않다. 나는 재료를 60일의 일정으로 조립했고, 다른 책들은 각기 다른 방법으로 조립했을 뿐이다. 목차의 구성은 곧 책의 컨셉이 되고, 책의 종류와 의도에 따라 차례가 달라질 수밖에 없다. 지식을 전달하는 실용서, 교양서나 역사서의 경우는 시간의 순서, 개요나 발단에서 시작하는 것이 일반적이다. 보통은 첫 번째 장에서 책을 끝까지 읽을지를 판단하게 되는데, 작가는 첫 장에서 끝까지 읽을 동력을 전달해야 한다. 흥미 있는 부분이나, 끝까지 읽었을 때 독자의 이익, 작가의 메시지를 첫 장에 배치하는 책이 많아지고 있는 이유이다.

우리가 아무리 목차를 잘 정리하더라도, 책을 쓰다가 마음이 변해서, 또는 투고에 성공해서 출판사의 편집자가 목차를 다시 구성하게 되는 일은 허다하다. 언제든 목차는 재조립될 수 있고, 필요하면 언제든 재조립할 준비를 하는 것도 중요하다.

목차 자료조사/ 목차 정리가 끝났다면, 비슷한 분야의 다른 책들을 조사해보는 것이 좋다. 이 책에서는 자료조사 부분을 다루지 않았다. 자가출판, 독립출판의 강점인 창의적인 책을 만들었으면 하는 바람 때문이다. 어떤 틀로도 가둘 수 없는 모든 생각들이 세상에 나왔으면 한다. 자료조사를 목차 만들기 전에 하면, 자칫 나도 모르게 좋은 자료의 틀에 끼워 맞춰 생각하는 수가 있다. 초보자일수록 이점을 조심해야 한다. 그래서, 자료조사는 목차를 완성한 뒤에 점검 차원에서 가볍게 하면 좋겠다. 완성도를 위해서는, 마지막 순간에는 빠뜨린 것은 없는지 확인이 필요하다. 비슷한 분야의 책을 참고해서 내용의 완성도에 만전을 기하면 좋겠다.

목차를 문서화 하고, 프린트하기/ 목차를 쓰는 것을 마무리했다면, 목차를 손으로 정리했든 문서로 정리했든 파일 형식으로 정리해 넣어야 한다. 책에도 구성이 있듯이, 초고 원고도 제목-목차-머리말 등의 순서로 정리되어야 한다. 얼마든지 편집과정에서 순서는 바꿀 수 있지만, 그때그때 양식을 정리하면서 원고를 작성해야 나중에 할 일이 많아지지 않는다.

정리가 끝나면 프린트하면 된다. 목차를 프린트

해서 2~3부 정도 복사본을 만들어서 항상 가지고 다니는 것이 좋다. 목차를 종이로 가지고 다니면서 다 쓴 부분을 체크하기도 하고, 추가할 부분이나 순서를 바꿀 부분, 적절한 목차의 제목 등을 적으면서 수정한다. 목차를 프린트한 종이는 들고만 있어도 책을 쓰는데 도움이 되고, 아이디어가 나온다. 작은 차이가 책의 완성도를 높인다는 점을 잊지 말자.

한글 프로그램으로 정리하기/ 이 책에서는 '한글과컴퓨터'의 <한글>프로그램을 이용해서 초고 원고를 쓰는 것을 추천한다. <시키는대로 책쓰기>의 2편인 『90일 종이책 작가되기』에서는 <한글>에서 본문 편집을 하는 방법을 다루기 때문이다. 어려운 편집 프로그램 없이 <한글>만으로도 충분히 완성도 있는 책을 만들 수 있다. 초고에 한해서 다른 프로그램을 이용해도 문제는 없다. 초고를 쓸 <한글>을 열어 놓고,

1. 책의 제목(가제)를 적어 넣는다.
2. Ctrl+enter(페이지 나누기)를 치고 다음 페이지에 목차를 정리해서 넣는다.
3. 정리가 끝난 목차를 저장하고 2~3부 인쇄한다.

DAY 08 머리말

⏰ 1시간 소요 / 머리말은 독자에게 전하는 당부이면서, 자신에게 하는 선언이다. 머리말은 책을 완성하는 시점에 수정해도 된다. 자유롭게 설레는 마음으로 머리말을 완성하자

머리말 쓰기/ 머리말은 책의 전체적인 방향을 드러내는 메시지를 담는 부분이다. 저자의 목소리 자체라고 할 수 있다. 의도와 철학, 컨셉과 타겟 독자, 독자에게 전하는 당부와 글의 맛까지 다 담아야 한다. 많은 독자들이 목차와 머리말을 보고 책을 구입할 것인지 결정하기도 하는 중요한 책의 방향이다.

타겟과 집필 의도를 밝혀라/ 머리말에서는 비슷한 종류의 '컴퓨터 디자인 입문서'라고 하더라도, '전공자를 디자인 스킬'이라고 설명하거나, '시니어를 위한 쉬운 입문서' 등 책의 세부 방향성과 타겟 독자층을 밝혀서 책의 내용과 의도를 분명히 한다.

책의 철학도 머리말에는 함축적으로 담기는데, '어렵게만 다가왔던 디자인 작업을 쉽게 이해시켜서 자영업자들에게 도움이 되었으면 한다.'던가 '사회 초년생 디자이너들이 실무를 쉽게 익히고, 자신만의 디자인 영역을 구축할 수 있도록 돕고자 한다' 등의 책의 궁극적인 목적을 밝힐 수 있다. 독자에게 필요한 책인지 아닌지를 판단해서 선택할 수 있는 가이드를 주면서 작가의 철학을 드러낼 수 있는 부분이다.

머리말의 목적/ 강렬한 머리말 쓰기 비법에 대한 글이 많이 있다. 머리말의 중요한 목적은 책을 구입하게 만드는 것이기도 하지만, 책을 읽을 독자에게 필자의 관점을 설명하는 것이다. 책이 어떤 의도로 쓰여졌으며, 독자는 그 점을 이해했으면 좋겠다는 당부이다. 더불어 작가가 글을 쓰게 된 배경과 이유를 더하면 머리말에서 독자는 공감할 수 있는 힌트를 얻게 된다. 같은 내용이라도 작가의 상황을 이해하면, 책 전체를 이해하기 쉬워진다. 어떤 내용을 담더라도 머리말은 목적지를 알리는 이정표에 가깝다. 요리를 시작하기 전에 어떤 요리를 만들 것인지 메뉴를 알려줘야 과정을 이해할 수 있다.

작가를 위한 머리말/ 머리말은 처음에 써야 할까? 머리말은 책을 완성한 이후에 독자를 위해 나중에 써도 된다. 그러나, 우리는 첫 책을 쓰는 작가이다. 열심히 해도, 쓰고 있는 책의 의도가 스스로도 헷갈린다. 머리말을 쓰는 것은 작가에게도 이정표가 된다. 내가 처음 책을 쓰려고 했던 이유를 돌이켜 보고 집필을 시작하기 전에 스스로에게 선언하는 것이다. '나는 수많은 컴퓨터 관련 서적 중에서도 시니어들이 포기하지 않도록 쉬운 책을 쓰고 싶었다.' 이런 식으로 길을 잃지 않도록 목적지를 정해 두는 것이다. 그런 이유로 지금 쓰는 머리말은 작가를 위한 것이고, 완성하겠다는 선언적 의미이다. 앞으로 어떤 책을 쓰겠다고 그림을 그리듯이 쓰는 것도 좋다. 두려워하지 말고, 머리말에서만큼은 책이 완성될 미래를 그리면서 벅찬 마음으로 썼으면 하는 바람이다. 독자를 위한 당부는 마지막에 추가해도 된다.

머리말의 분량은 자유롭게 쓰면 된다. 충분하게 설명하면 그것으로 족하다. 간단하게 쓰고 바로 본문을 보는 것이 낫다고 판단된다면, 서너 줄이라도 충분할 수도 있고, 몇 장에 걸쳐도 부족하다면 충분할 때까지 설명하면 된다.

왜 책을 쓰게 되었는지, 이유 / 상황

책의 중심 내용

책을 읽었으면 하는 타겟 독자

독자에게 전하고 싶은 말

책을 읽었으면 하는 타겟 독자

비슷한 다른 책들과 다른 내용과 철학

책이 주고 싶은 메시지

왜 책을 쓰게 되었는지, 이유 / 상황

책의 중심 내용

DAY 09 초고작성파일

1시간 30분 소요 / 한글을 이용할 때, 한 가지 기능만 더 알아도 편리하게 이용할 수 있다. 초고쓰기에 필요한 간단한 기능들은 어렵지 않으니 확인하고 넘어가면 된다.
1.지금까지 쓴 내용 초고 파일에 정리하기
2.목차에 따라 초고쓰기 시작하기
3.오늘부터 매일 작성하는 글자 수 기록하기

초고를 어디서 어떻게 작성해야 하는지 설명이 늦었다. 60일로 초고완성 일정을 제한하다보니 마음이 급하다. 책을 기획하고, 주제를 선정하고, 목차를 정하는데도 금세 일주일이 지났다. 늦었지만, 오늘 부터는 가급적이면 <한글>에서 초고를 작성하면 좋다.

초고파일 만들기/ "어떤 프로그램으로 써야 하나요?" <90일 작가되기> 강의 초반에 많이 받는 질문이다. 좋은 글을 쓰는 방법은 많이 알고 있지만, '어떤 프로그램으로 시작할까?' 같은 문제도 해결해야 한다. 앞서 이야기했듯이 한컴으로 알려진 <한글과 컴퓨터>의 <한글>을 기준으로 삼는다. 지금은 대수롭지 않은 문제지만, 첫 책을 쓰면서, 글쓰기 고민도 많은데, 문서 작성 프로그램, 글자 크기까지 무엇 하나 시원하게 정답을 아는 것이 없었다. 처음에는 무료 프로그램으로 작성하다보니 필요한 기능이 없거나, 생각하지 못한 에러가 있기도 했고, <마이크로 워드>로 작성해서, 편집할 때는 다시 <한글>로 돌아와야 했다. 편하게 메모장에 글을 쓰다가 임시저장 기능이 없어서 작성한 원고를 다시 쓰기도 했다. 초고를 쓸 때는 편한 프로그램인 메모장이나, 핸드폰 어떤 프로그램을 사용해도 좋지만, 자가출판으로 내지 편집을 스스로 해야 한다면, <한글>이 편하다. 첫 초고를 작성하는 중이니까, 습관을 잘 만드는 것이 중요한데, 가능하다면, <한글>에 익숙해지면 좋다.

초고파일 양식/ 초고는 <한글> 기본설정으로 작성하면 된다. 용지: A4 / 글자크기: 10pt를 기준으로 작성하고, 폰트는 가급적 부크크 폰트를 사용하면 좋다.

A4용지 확인하는 법/ 한글프로그램의 왼쪽 상단에 ❶파일 - ❷편집용지 메뉴를 선택하거나, F7키를 눌러서 용지 설정을 확인할 수 있다.

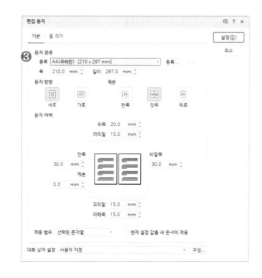

5 2

❸용지 종류에서 A4로 되어 있는 것을 확인할 수 있고, 한글프로그램의 기본 설정은 A4이다.

글자 수 확인하는 법/ <한글>에서 원고를 작성하면 몇 가지 편리한 기능을 쉽게 이용할 수 있다. 지금까지 작성한 원고의 분량이 총 몇 글자인지 쉽게 확인할 수 있다.

28/77쪽   1단   8줄   3칸   64812글자   문자 입력   1/1 구역   삽입
❹

Ctrl+Q+I를 동시에 누르거나, 한글 왼쪽 하단의 ❹글자 수 부분을 누르면 자세한 사항을 확인할 수 있다.

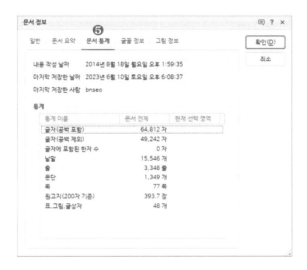

❺문서통계에서 글자 수, 원고지로 환산한 분량을 쉽게 알 수 있다.

초고작성 시작하기, 글자 수 기록 시작/ 지금까지 쓴 차례와 머리말을 한글파일에 붙여넣고, <한글>에서 초고 원고작성을 이어가면 된다. 목차를 보면서 처음부터 천천히 초고를 작성하기 시작하면 된다. 이제부터 글자 수를 기록하면서, 매일의 루틴을 만들어가면 되겠다. 이제 본격적인 책쓰기가 시작되었다.

목차를 보고 오늘부터 초고를 쓰기 시작하면 됩니다.

⏰ 1시간 30분 소요 / 앞으로 3일간은 초고에 집중하는 시간이다. 초고 쓰는 법에 익숙해지지 않으면 책을 쓰는 내내 어렵다. 글쓰기는 즐길수록 재미있어진다. 1. 글자 수 6000자에 도달하기

초고 완성에 걸리는 기간/ 첫 책을 쓰려고 준비하면서, 원고를 쓰는 기간과 분량에 대해 열심히 알아봤다. 10년을 준비해서 쓴 책, 몇 년 동안 고생해서 출간한 이야기를 들으면 책을 쓸 용기가 나지 않았다. 반면에 책쓰기를 코칭하는 많은 책들은 초고를 한두 달 안에 완성하라고 한다. 갈피를 잡기 어려웠다. 몇 년에 걸려서 책을 쓸 자신은 없었고, 1달 만에 완성하는 원고는 성의 없는 것 같았다. 초고, 얼마나 어떻게 써야 할까? 초보자를 위한 초고쓰기의 속도 정해 주려고 한다.

책 한 권은 10~15만자 내외고, 이 책의 목표는 112,000자다. 초보 작가는 궁금하다. 과연 이렇게 쓰려면 얼마나 시간을 투자해야 할까? 기성작가들은 하루종일 글만 쓰는 것일까? 이것이 바로 첫 책을 쓸 때 나의 궁금증이었다. 절에 들어가서 글만 썼다는 작가, 몇 달 동안은 외딴곳에 산다는 작가들의 이야기를 들으면, 생활을 위해 직장을 다니는 일반인들이 책을 쓰는 것은 요원한 일인가 싶었다.

이 책에서 정하는 책 한권의 분량은,
일반 소설책 사이즈(A5) 200쪽 기준
원고지 600-1000매
(상업출판기준10-15만자 사이)
목표 분량 10-15만자

오늘은 책쓰기 10일차이고, 진짜 초고쓰기를 시작한 것은 머리말을 쓴 날을 포함해도 며칠 되지 않는다. 대부분 지금까지 제목, 목차, 머리말 등 모든 내용을 포함해도, 총 1만자 미만일 것이다. 남은 35

일간 13만자 이상을 써야 하는데 가능한 일일까?.

글을 쓰는 속도/ 타이핑 하는 속도를 나타내는 '타수', 200~300타 같은 말은 분당 타이핑 속도를 말한다. 200타를 치는 사람은 한 시간 동안 12,000자를 쓸 수 있다. 타수는 보통 생각하지 않고 받아쓰거나 옮겨적는 속도다. 그러나, 생각하면서 글쓰기를 하면 속도가 현저히 떨어져서 한 시간에 3000자 정도를 쓸 수 있다. 매일 1시간~1시간 30분을 투자해서 매일 3000자를 쓰는 것이 목표다. 쓰고자 하는 책의 분량이 적거나, 많으면 조절해가면서 쓰면 된다. 글쓰는 속도는 매일 글을 쓰면, 점점 빨라지고, 초고 쓰는 것에도 익숙해진다. 중요한 것은 매일 반복하는 것이다. 타이핑 속도가 느리면, 시간을 더 투입하면 되지만, 날짜를 늘리는 것은 안 된다. 이제부터는 강박적으로 기한을 지켜나가야 책을 완성할 수 있다.

초고를 쓰는 속도
1시간 평균 글쓰기 속도 -3000자
매일 써야 할 분량 - 3000자
글쓰는 시간 1~1시간 30분
최종목표 112,000자
책 출간시 분량 200~300페이지 단행본

매일 써야 하는 분량/ 아직 글쓰기에 적응되지도 않았는데, 매일 3~5000자를 쓰라니 말도 안 된다고 생각할지도 모른다. 글쓰기는 훈련이 중요한 분야다. 마치 근육을 키우는 것과 같아서, 운동을 효율적으로 할 방법을 안다고 근육이 생기지 않는 것과 같다. 고민을 오래 한다고 더 좋은 글을 쓸 수 없고, 매

일 생각을 글로 옮겨야 근육이 붙는다. 일단 쓰고 고쳐야 좋은 글을 쓸 수 있고, 자신의 글쓰기 습관도 알 수 있다. 앞으로 3일간은 어떻게든 아무 말이라도 원고를 채워간다고 생각하고, 시간을 더 많이 투자하더라도 글쓰기 습관을 만들어가야 한다. 글은 쓸수록 재밌어지고, 고민할수록 어려워진다. 처음부터 좋은 문장을 쓸 수 없다. 일단 많이 써야 한다.

6000자 도달하기/ 오늘부터는 매일 3000자를 쓰는 것이 목표다. 1시간~1시간 30분 정도 쓰면 쓸 수 있는 분량이고, 블로그 글 1.5개 정도다. A4로는 2장 정도라고 생각하면 된다. 지금까지 쓴 '차례+머리말' 까지 총 3000자 정도 썼다고 가정하고, 3000자를 더 써서 6000까지 도달해보자.

5
1

DAY 11 첫 문장

🕐 1시간 30분 소요 / 초고를 쓰는 일은 우리가 그토록 꿈꿔온 작가가 되는 첫걸음이다. 책이 나오는 때가 아니라, 지금 초고를 쓰는 이 순간이 꿈을 이루는 순간이다. 작가는 쓰는 사람이다. 오늘은 9000자에 도달하자.

시키는 대로 책을 쓰라면서, 왜 이제 와서 첫 문장 이야기를 하는지 의아할 수 있다. 시키는 대로 잘 쓰고 있는데, 이렇게 두서없이 구성되어 있으면 곤란하다고 생각할지도 모른다. 이미 초고를 쓰기 시작했는데, '첫 문장'에 대해 뒤늦게 이야기하는 이유는 첫 문장을 쓸 때 부담을 갖지 않기를 바랐기 때문이다.

'첫 문장'은 처음에 쓰는 것이 아니다/ 첫 문장은 책의 강렬한 인상을 만들기도 하고, 작가의 재능이 드러나는 부분이다. 매력적인 첫 문장으로 유명한 책들도 있다. 처음 책을 쓸 때, 마치 재능의 시험대 같은, 오프닝 무대, 내 책의 첫 문장을 어떻게 써야 하나 두려웠다. 이 책의 독자는 같은 고민으로 원고를 한자도 못 쓴 채 '첫 문장'을 고민하지 않기를 바랐다. 그래서 이제야 이야기를 꺼낸다.

첫 문장은 책에서 가장 먼저 등장하지만, 처음으로 쓴 문장은 아닐 수 있다. 첫 문장을 처음에 썼다고 생각하는 자체가 너무 순진하다. '첫 문장'은 책을 마무리할 때까지 고치고 고쳤을 수도 있고, 일생동안 품고 살아온 한 개의 문장을 비로소 책에 옮긴 것일 수도 있다. 첫 문장을 잘 쓰고 싶은 욕심에 초고를 시작하기도 전에 머뭇거린다면, 이미 죽은 천재 작가들에게 농락당하는 것이다. 그들은 결코 첫 문장은 초고의 처음에 쓰지 않았을 것이다.

그럼에도 첫 문장과 첫 문단은 책의 인상을 결정한다. 내용적 상징을 담거나, 핵심을 담은 강렬한 명제라면 좋다. 어떤 책들은 첫 문장 때문에 유명해지지만 대부분이 책들은 기억나지 않는 경우가 대부분이다. 너무 고심할 필요가 없다는 뜻이다. 첫 문장과 독자가 만나는 시간은 0.001초에 지나지 않는다.

첫 문장은 독자보다는 작가에게 의미 있다. 작가의 꿈을 가지고 첫 시작을 여는 순간이다. 앞으로 쓸 모든 책을 통틀어서 처음을 시작하는 문장이기 때문이다. 작가의 길을 여는 문이다. 앞으로 우리는 첫 문장들을 수도 없이 쓰게 될 것이다. 그때라면, 우리도 주머니 안에 숨겨둔 명문장을 꺼내 들 수 있을지 모른다.

읽을 수 밖에 없는 오프닝 무대/ 첫 작품에서 첫 문장은 두려워하지 말고, 거침없이 쓰는 것이 맞다. 내가 좋아하는 문장을 앞으로 꺼내어 자랑하는 것쯤으로 생각하면 즐거워진다. 첫 문장은 좋아하는 음악의 플레이리스트 같다. '이렇게 좋은 노래를 나밖에 모르다니, 들려줘야 겠어!'라고 생각을 바꾸면, 첫 문장을 만드는 자체가 즐거워진다. 나는 아직 어디에 쓸지 모르는, 좋은 문장이 생각날 때마다 열심히 메모를 해두고, 그 문장이 꼭 맞는 글을 쓰게 될 날을 기다린다. 첫 문장은 처음에 쓰는 것도 아니고, 재능의 시험대도 아니다. 책을 읽는 모든 사람이 읽을 수 밖에 없는, 들려주고 싶은 이야기를 확실히 들려줄 수 있는 좋은 무대다. 첫 문장을 맘에 들도록 천천히 고치고, 가능하면 대전제나 정답을 보여주면서 시작하면 좋다.

오늘의 목표/ 오늘도 시간을 정해 놓고 일정 시

간 원고를 쓰면 된다. 목차를 만드는 동안 벌써 열흘
이 지났다. 글쓰기에 열정적인 초반에 집중해서 원고
를 많이 써놓을수록 좋다. 60일이 길 것 같지만, 초
보자일수록 많이, 빨리 써서 충분한 시간을 들여서
고치는 것이 중요하다.

매일 3000자나 한 시간 글을 쓰는 습관을 만들어가는 시기입니다.
글의 완성도를 너무 고민하지 말고, 생각나는 대로 충분한 양을 쓰
고, 나중에 다시 읽어보는 것도 방법입니다.

50

DAY 12 작가소개

⏰ 1시간 30분 소요/ 책쓰기는 이름을 쓰는 것 조차 고민하게 만든다. 지금은 우리 스스로를 어렵게 소개해야 하지만, 완성하고 나면 책이 나를 대신 소개해주게 된다.

작가 이름 정하는 법

1 사용할 이름 검색해보기

2 동음이의어나 오해할만한 단어로 바뀌는지 확인   예) 스펀지박 -- 스폰지밥

작가소개는 예상하지 못한 난관이다. 간단하게 작성하려고 시작하지만, 생각할수록 어렵고, 심난해지는 부분이다. 처음에는 이름 석자를 적지만, 이내 이름도 지워버리게 되는 경우도 많다. 작가소개를 쓰려고 이름을 쓰고, 학력과 경력을 되돌아보기 시작하면, 미천한 경력에 부끄러워지기도 한다. 본문보다 더한 단어, 한 단어를 고심해서 쓰는 부분이 작가소개다. 온라인 강의에서 만난 많은 초보 작가님들은 본명을 쓸 것인가, 필명을 쓸 것인가를 두고 고민했다. 작가소개에 앞서, 이름조차 고민하게 만드는 것이 작가소개이다.

필명, 본명 선택하기/ 사실 책의 기능을 알면 선택이 쉬워진다. 경력에 도움이 되기를 바란다면, 본명을 사용해야 한다. 만약, 지역 도서관에서 뽑는 강사를 지원한다고 생각할 때, 같은 조건이라면, 책을 쓴 사람과 책을 안 쓴 사람 중 누굴 뽑을 것인가를 생각해보면 쉽다. 혹여 누가 알아볼까 싶어, 필명으로 책을 냈는데, 정작 그 책을 썼다는 증거가 없을 때도 있다. 출판사에 문의해서 출간 증명서를 써달라고 하는 절차를 거치기도 하는데, 우리처럼 온라인 플랫폼에서 책을 낸다면 그조차 쉽지 않다.

온라인에서 활발한 활동을 하는 인플루언서이거나, 동명이인이 많은 사람의 경우는 아이디로 된 필명이 유리하다. 보통은 본명(필명)으로 이름을 쓰는 것이 편하다. 단, 여러 권의 책을 쓰게 되면, 이름의 양식을 똑같이 작성해야 검색했을 때, 내가 쓴 책이 한 번에 나온다.

필명을 쓰든, 이름을 쓰든 중요한 것은 검색을 꼭 해봐야 한다. 동명이인의 작가가 있는지, 유의어가 있어서 검색이 되지 않는지를 여러 번 점검하고 이름을 정해야 한다. 이제 우리는 겨우 이름 3자를 어떻게 쓸지 정했다. 책쓰기는 쉬운 단계라고는 하나도 없는 작업이다.

경력사항 기재하기/ 이름을 정했으면 나를 설명하는 말을 써야 한다. 실용서적이라면 당연히 경력과 학력, 자격증 등을 적으면 좋다. 요즘에는 인플루언서 활동이나, 이수한 교육내용등을 적어도 괜찮다.

첫 책을 내는 사람은 내세울 만한 이력이 별로 없어서 걱정인 경우가 많다. 누구한테 물어보거나 하소연하기도 어려운 문제다. 첫 책을 쓰는 작가라면 모두 걱정하는 문제이기 때문에 부끄럽게 생각하거나 걱정할 필요가 전혀 없다. 우리는 경력의 첫 줄을 쓰는 중이다. 다만 보잘것없이 생각되는 자격증이나 활동도 잘 정리해서 관련 분야의 충분한 경력을 입증하면 된다. 내가 아니면, 나를 잘 포장해 줄 사람은 아무도 없다. 특히 실용서를 쓸 때는 별것 아니라고 생각되는 자격이나 경력도 잘 정리하는 것이 중요하다. 입문자가 책을 고를 때 고려사항이 되기도 하고, 내용의 전문성을 신뢰할 수 있는 데이터가 경력이다.

공감의 힌트를 제공하기/ 에세이나 시, 문학적인 글의 경우는 학력이나 경력 대신에 스스로에 대한 짧은 글로 설명해도 좋다. 문학에서는 작가에 대한 정보가 글을 이해하는데 도움이 된다. 작가와 비슷한 조건에 있는 독자라면 공감할 수 있는 포인트가 되고, 내용과 관련된 개인적인 배경을 적어주면 더 공감하기 쉽다. 따라서 문학에서 작가소개는 글을 이해할 수 있는 힌트를 주는 셈이다.

장 도미니크 보비의 책 『잠수복과 나비』는 작가에 대해서 모르면, 평범한 동화이다. 이 책은 어느날 갑자기 생긴 뇌출혈 때문에 왼쪽 눈만 움직일 수 있었던 작가가 병상에서 쓴 글이다. 글자판을 놓고, 왼쪽 눈만 깜빡이면서 힘들게 써냈다는 사실을 알게 되면 형용할 수 없는 감동을 받는다. 작가소개는 글의 권위와 신뢰를 만들고, 독자들에게는 이해와 공감의 실마리를 준다.

작가소개를 써야 하는 이유/ 작가소개를 4~5줄 정도로 간략하게 써서 책 표지에 넣을 분량으로 써도 좋지만, 오늘 쓰자고 제안하는 작가소개는 머리말이나 차례 뒤쪽에 들어갈 한두 쪽짜리 간단한 페이지를 말한다. 500자~2쪽 사이의 작가소개는 누구보다 초보 작가에게 가장 필요하다. 책을 본 독자에게 만큼은 나를 소개할 수 있는 기회다. 작가소개는 꼭 쓰지 않아도 되지만, 첫 책을 쓸 때가 아니면, 작가소개 페이지를 쓸 기회가 없을지도 모른다.

세상에는 자랑할만한 경력을 가진 사람이 많지 않다. 그러나, 어떤 한 분야에 대해서 누구나 책을 쓸 수 있는 것은 아니다. 책을 쓰면서 출발점을 만드는 사람은 훌륭한 경력의 시작을 만들고있는 것이다. 이 순간만큼은 자신감 있게 스스로를 칭찬하면서, 작가를 소개하면 좋겠다. 지금 공들여서 쓰고 있는 작가소개는 몇 차례의 수정을 거치겠지만, 앞으로 수없이 사용하게 된다.

작가소개를 써봐야 책쓰기의 한단계 한단계가
얼마나 어려운지 알게된다.
오만 생각이 다 들지만, 나를 규정해보는 것은
책쓰기가 아니면 경험해보기 어려운 또다른 관점이다.
이력서나, 이전의 자기소개와는 분명히 다르다.

초고도 빼먹지 말고, 3000자 써야 합니다.

DAY 13 초고쓰기

🕐 1시간 30분 소요 / 초고를 쓰는 방법은 자신만의 방법을 찾아가는 과정에 가깝다. 처음에는 생각처럼 잘 써지지 않아서, 어려움을 겪는다. 어려움을 넘고 나면, 자유로운 표현을 할 수 있는 즐거움을 만나게 된다.

지금까지는 머리말, 작가소개를 쓰면서 워밍업을 했다. 이렇게 책을 구성한 이유는 글쓰기에 천천히 익숙해지기 위해서다. 살아가면서 다양한 글을 쓰면서 살아왔지만, 책으로 출간할 글은 의도와 호흡이 다르다. 보고서도 아니고, 블로그와는 다른 작가의 목소리를 내야 할 때다. 또, 앞으로 50일간 매일 글을 써야 하는 레이스가 시작되었다. 좋은 책을 내고 싶다면, 가장 먼저 도달해야 하는 목적지는 책을 완성하는 것이고, 책은 원고가 없으면 낼 수 없다. 앞으로 50일간은 매일 글을 써야 한다. 실력은 쌓아가야겠지만, 성실함은 단번에 목적지까지 도달하게 해주는 힘이다. 책쓰기는 낙오자가 수없이 나오는 레이스라서 경계를 게을리하면 안 된다. 부디. 머리말, 작가소개를 쓰면서, 책을 쓰는 이유와 동력을 다시 한번 확인했기를 바란다.

초고쓰기는 훈련/ 초고를 쓰기 시작하면, 글을 쓰는 속도가 붙지 않아서 어려움을 겪는다. 하고 싶은 말을 잘 쓰기 위해서 고치고, 다시 쓰는 과정에서 몇 시간을 투자했는데도 겨우 반 페이지를 쓰는 일이 허다하다. 하루에 최소A4 2장을 써야 60일 안에 책한 권을 완성할 수 있는데, 과연 완성할 수 있을 것인지 걱정이 된다. 이는 지극히 정상적이고 당연한 결과다. 오늘 헬스장에 등록한 사람이 바로 역도 선수가 드는 100kg 바벨을 들려고 한 것이다. 글쓰기도 여러 방면에서 훈련이 필요하다. 어휘력과 문장력, 어법에 맞는 표현법과 표현력, 이 모든 것을 실제로 써본 경험을 쌓아야 한다. 발레를 매일 봤다고 발레리

나가 될 수 있는 것이 아니듯, 평생을 독자로 살았고, 여러 글을 써 왔지만, 책을 쓰는 호흡과 작가의 언어는 이제부터 훈련이 시작된다.

잊지 말아야 할 것은 우리가 첫 책을 쓰고 있다는 것이다. 첫 책을 쓰면서 계획한 대로 모든 것을 완벽하게 수행할 수 없다. 이 과정을 지나야 내가 진짜 쓰고 싶은 책을 쓸 때, 나의 문장과 메시지를 컨트롤 할 수 있을 것이다. 글을 쓰는 속도도 점점 **빨**라지게 된다. 또 쓰는 속도가 만족스럽지 않다면, 문제는 간단하다. 시간을 더 투입하면 된다.

초고를 쓰려고 컴퓨터 앞에 앉으니, 온갖 대문호들의 명문장과 최근에 책을 낸 지인, 책을 냉정하게 평가할 친구의 모습을 떠올린다. 어떤 문장과 어떤 이야기도 함량 미달인듯한 느낌에 초고를 쓰지 못하겠다는 분들을 많이 만났다. 물론 책이 나오면 독자와 지인들의 평가 앞에 서야 하지만 초고를 쓰는 동안은 책쓰는 행위는 기본적으로 자신과의 대화이다. 왜 책을 쓰고자 했는지, 하고 싶은 말이 무엇인지에 집중해도 글은 쉽게 목적지를 잊는다. 그런데 초고를 쓰면서 지인들과 기성작가들과 경쟁하면 안 된다. 작가라는 이름이 위대한 점은 내 글 안에서는 내가 신이고 답이다.

생각을 다운로드 하는 것/ 초고를 어떻게 써야 할지 모를 때는, 생각을 다운로드한다고 생각하면 쉽다. 글을 쓰는 동안 여러 가지 표현이 머릿속에 번쩍거리기도 하고, 비논리적이거나, 상관없는 생각이 떠오르기도 한다. 그런 모든 생각을 다운로드 하듯이

기록하는 것이다. 다운로드를 마치고 내용을 정리해야 하는데, 생각을 받아쓰면서 바로 정리하려고 하는 것은 당연히 어렵다. 초고가 횡설수설한 것은 당연하다. 일단 재료를 늘어놓아야 정리된 언어로 다듬을 수 있다.

글의 실마리를 잘 찾지 못할 때나, 집중이 잘 안 될 때, 초고쓰기를 시작할 때는 템포를 빠르게 가져가면서 생각나는 문장 모두를 먼저 타이핑 한다. 말이 되든지 안 되든지는 따지지 않고 무조건 적는다. 이후에 써야 할 말을 고르고 필요 없는 내용은 메모해두고, 내용도 보완하면 된다. 두서없이 빠르게 타이핑한 내용을 정리하다 보면 글을 쓰는 실력이 늘고, 진득하게 앉아서 글을 쓰는 습관도 생긴다.

초고가 생각처럼 잘 써지지 않는 이유는 내 초고를 완성된 글과 비교하기 때문이다. 그것도 유명작가의 글과 비교한다. 우리가 지금까지 읽어 온 글들은 몇 번의 교정을 거친 다듬어진 글이고, 글로 먹고 사는 프로의 글이 많다. 초고를 쓰면서 완성된 글이 되기를 바라면, 글쓰기 자체에 흥미를 잃게 된다. 초고는 콧노래를 부르듯 생각나는 대로 저질러야 한다. 초고가 없으면 완성된 글을 절대 만들 수 없다.

초고를 어떻게 써야 할지 모르겠다면,
오늘은 2시간 정도 알람을 맞춰두고, 집중하자.
10분정도의 자투리 시간도 활용하면 좋습니다.
타이핑 연습을 하듯이 떠오르는 모든 문장을 빠르게 기록한다.
노래하는 것처럼 아무 말을 다 적어보면 글쓰기의 새로운
즐거움을 찾는다고 보장 한다.

DAY 14 목적은 소통

⏰ 1시간 30분 소요/ 질문을 던지는 것이 작가이지만, 자기 확신이 없는 글은 매력이 없다. 자신의 글을 객관적으로 점검해야 한다.

초고쓰기를 계속하면서 자가출판 프로세스를 하루하루 배워가다 보면 깨닫는 것이 있다. 처음 시작할 때는 책을 만드는 법이 어려울 줄 알았는데, 시간이 지날수록 책을 쓰는 것이 더 어렵다는 것을 깨닫게 된다. 책만들기는 길을 따라 정답으로 향하는 것이고, 책쓰기는 길을 만드는 것이기 때문이다.

글을 한참 쓰다 보면 길을 잃고 쓸 소재가 떨어지기도 하지만, 가끔은 내가 쓴 글이 잘 쓴 것인지 아닌지조차 분간이 안 되는 순간도 온다. 과연 좋은 글은 무엇일까? 좋은 글의 작동원리를 어디서 찾아야 할까? 꾸준한 훈련이 정답이라는 것을 알지만, 글을 잘 쓰고 싶다는 욕망에서 벗어나기는 힘들다. 잘 쓰고 싶어서 오히려 중요한 문제를 놓치기도 한다. 무엇이 잘 쓴 글일까?

책을 쓰고 있는 이유가 드러나도록/ 우리는 이제 막 시작한 초보자이므로 '왜 우리가 책을 쓰고 있는가'에서부터 문제를 해결해야 한다. 우리에게 책이란 하고 싶은 말을 할 수 있게 해주는 미디어다. 그렇다면 좋은 글은 하고 싶은 말을 잘 알아듣게 만드는 것이 최우선 목표다. 힘들게 시간을 들여서 글을 쓰고 있는 이유이기 때문이다. 좋은 문장이나 표현 때문에 글을 쓰는 이유를 잊지 말아야 한다.

내 경험이 도움이 되기를 원해서,

내 마음이 위로가 되기를 원해서,

인생의 깨달음을 나누고 싶어서,

우리는 시작했다.

생각보다 책을 쓰기로 마음 먹은 이유는 간단하다. 잘 쓰고 싶은 고민에 명료성을 잃지 않아야 한다.

글에서 점검해 볼 것들/ 특히 소통이 잘 되는 좋은 글이어야 한다. 누군가에게 필요하고, 보편적으로 공감할 수 있는 글이라도 자가출판에서는 살아 남기 힘들다.

내용 전달이 잘 되고, 쉽고, 명료하면서 일관성이 있어야 한다. 그 내용을 논리적으로 뒷받침해서, 설득력이 있는지도 확인해야 한다. 결국, 어떤 글이든 독자를 감정적으로나 논리적으로 설득해야 한다.

감정도 전달해야 한다. 문학적인 글이 아니라고 해서 작가가 보이지 않는 것은 아니다. 작가의 신념과 철학 감정을 담아야 언제나 설득에 유리하다. 결정적으로 우리는 마음을 담고 싶어서 아무도 관심가지지 않는 무명작가가 되기로 결심했다.

나만이 가진 무기, 차별점도 드러내야 한다. 자가출판으로 책을 써야만 했던 남다른 이유, 노하우가 없으면 책을 쓰는 의미가 없다. 무엇이 다른지를 확실히 드러내야 한다.

초고의 분량이 늘어갈수록 의심도 늘어난다. 지금 이렇게 쓰고 있는 것이 맞나? 잘하고 있나? 쓰는 행위에 대한 의심은 잠시 덮고, 글의 목적에 잘 부합는지를 의심해야 한다.

쉽고, 명료하고, 논리적 설득력을 갖추고,

작가의 철학과 감정도 담고,

다른 책과의 차별점을 드러내고 있는지, 점검해 보자. 그러면서 유머도 담으면 좋다. 재미없는 책은 포기가 쉽고, 유머 감각에는 작가의 매력이 쉽게 드러나기 때문이다. 정보와 메시지, 작가의 마음과 유머 감각까지 담고 있다면 더 바랄 것이 없다.

목적은 소통/ 마지막으로 아래처럼 말하고 있는지는 점검해봐야 한다. 소통이 잘 되는 것을 끊임없이 확인해야 한다.

아이: 오늘 마트 몇 시에 갈 거야?

엄마: 오늘? 왜 마트에 가야해?

아이: 김밥 재료 사야지!

엄마: 왜? 김밥 싸야 해?

아이: 내일 학교에서 소풍 간다고 말 안 했어?

생각을 전달하는 것은 쉬운 말로 쓰는 것 말고도 많은 방법이 존재한다. 가장 대표적인 방법은 비유와 상징을 이용하는 것이다.

쉽게 말하면 예를 잘 들어야 한다는 뜻이다. 글은 시각의 도움 없이 생각으로 이미지를 만드는 것이 핵심이다. 보지 않은 것을 머릿속에서 그림으로 만들어야 한다는 뜻이다. 그렇게 하려면, 독자가 이미 본 것에 비유하는 것이 가장 좋다. 솜사탕을 본 적이 없는 사람에게 매우 달콤하고 부드러운 구름이라고 비유한다면, 알아듣기에 훨씬 쉬울 것이다. 비유는 사물을 묘사하는 것 뿐 아니라 상황과 개념, 철학 등 모든 분야에 다 사용 가능하다. 오랫동안 우리는 명언과 속담들로 이것을 이어왔다.

가장 중요한 의사소통이 해결되었다면, 메시지가 분명해야 한다. 작가가 어떤 분야의 이야기를 쓰면서 확신 없이 쓴다면 독자는 금방 알아차린다. 내가 글에서 말하고자 하는 바를 분명히 해도 100%를 전달할 수 없다. 좋은 문장들로 이뤄진 글이라 하더라도, 전체가 가리키는 방향이 다 다르면, 고장난 나침반일 수밖에 없다. 메시지는 좋은 문장보다도 더 중요하다.

특히나 초고를 쓸 때는 속도감 있게 쓰면서 메시지에 집중해야 전체적인 책의 내용이 깔끔해진다.

초고를 쓰다보면 의심이 들고, 자기확신이 없어질 때가 있습니다.

목적지를 잊지 않고, 글을 잘 점검해 나가야 합니다.

지금까지 쓴 글을 읽으면서, 항목마다 점수를 매겨보는 것도

좋겠습니다.

쉬운 언어

명확성

일관성

논리적 구조

설득력

감정전달

다른 책과의 차별성

전달력

흥미로운가

체계적인가

DAY 15 좋은 글

⏰ 1시간 30분 소요 / 잘 쓰는 것에 집중하면, 글쓰기에 방해가 된다. 잘 쓰지 않아도, 좋은 글은 얼마든지 많다. 좋은 글로 목적을 다할 수 있는 글쓰기에 집중하자. / 2만 자를 넘겨서 써보자.

초고쓰기를 계속하면서 자가출판 프로세스를 하루하루 배우다가, 쓰고 있는 내용이 부족한 것 같은 생각이 들어서, 도서관에 들렀다. 이제는 익숙해진 글쓰기에 관련된 책을 찾아보면서, 다른 책들에서 글쓰기 비법들을 찾아봤다. 온갖 방법이 다 있었고, 유명한 작가들도 있었다.

책 만드는 방법을 알려주는 책들의 목차는 비슷했지만, 글쓰기에 관련된 책들의 목차는 제각각이었다. 목적에 따라 쓰기도 하고, 특정 장르의 글쓰기를 알려주기도 하고, 글감 찾는 법에서, 묘사와 표현력만 따로 다룬 책까지 종류가 다양했다. 그만큼 좋은 글을 다양하다는 뜻이고, 방법도 다양하다는 뜻이다.

방법은 있지만, 배울 수는 없는 글쓰기/ **방법은** 있지만, 정답이 없는 것이 바로 글쓰기이다. 좋은 글을 쓰는 방법은 많다. 나는 항상 글쓰기를 '공부할 수는 있으나 배울 수 없다.'고 말한다. 작가가 자신만의 언어를 만들고, 스스로 깨닫고 완성하는 여정이기 때문이다.

좋은 글이란/ 그런데 또, 좋은 글은 별 것은 아니다. 표현력이 일천한 할머니들이 글쓰기 클래스에서 쓴 글이 감동을 줄 수도 있고, 좋은 학교에서 글쓰기를 전공한 사람이 식상한 글을 쓰는 것은 흔한 일이다. 좋은 글의 요건에는 풍부한 표현과 상상력, 명료함과 작가의 감성이라고 틀을 짜 놓을 수 있지만, 무엇이 좋은 글이 될지 아무도 모른다. 그날 독자의 기분과 맞아야 좋은 글이라고 정의되기도 하는데,

그날 독자와의 궁합은 작가는 알 수 없다. 좋은 글이라는 평가는 운때가 맞아야 하는 일일지도 모른다. 시대에 따라 몇 백 년전 고전도 다시 주목을 받는 이유다.

물론 좋은 글은 있고, 영원히 살아남는 작가도 분명히 있지만, 좋은 글은 그들만의 리그는 아님을 말하고 싶다. 작가의 감정을 명료하고, 단순하게만 전달해도 얼마든지 좋은 글이 될 수 있다.

우리의 글은 유명한 글이 되는 것은 어려울 수 있지만, 좋은 글이 되는 것은 어렵지 않다. 잘 쓴 글을 내놓으려는 욕심을 조금 내려놓자. 글은 어차피 배울 수 있는 것이 아니고, 삶의 경험 속에서 나온다. 잘 쓴 글을 무기 삼는 논객도 많고, 글로 먹고사는 사람도 많다. 너무 잘 쓴 글에 갇힌 작가는 오히려, 글처럼 살지 않는다며 비난을 받는다. 잘 쓴 글은 작가의 굴레일지도 모른다. 멀리 퍼지지는 못하더라도 좋은 글은 반드시 작가의 마음을 전달하는 뜨뜻한 온도를 가진다. 무심코 읽은 글에 마음이 따뜻해진 경험은 누구나 있다. 잘 쓰겠다는 욕심을 내려놓고, 일단 전하고 싶은 말을 먼저 전하고 나면, 잘 쓴 글로 다듬을 여유가 생긴다.

드러내기만 해도 아름답다/ 예술이 다 달라도 아름답게 여겨지는 이유는 독창성에 있다. 좋은 글이 매력적인 이유도 개별성에 있다. 사람이 다 다른 것을 글이 잘 드러내기 때문이다. 시스템에 맞춰 사느라 평소에는 드러나지 않지만, 가까운 사이라도 몰랐던 '기막힌 다른 점'들이 어떤 개인에게도 존재한다.

　얼마 전에 '흰 검 드레스' 논쟁이 있었는데, 같은 사진이라도 사람마다 다른 색으로 보이는 사진이 인터넷을 달궜다. 같은 사진을 놓고 흰 드레스로 보이는 부류와 검은 드레스로 보이는 두 부류로 나눠졌다. 우연히 사람마다 다르게 보고 있는 사실을 발견하게 된 것인데, 평소에는 매우 발견하기 힘들다. 우리는 대충 비슷한 세상을 보고 살고 있지만, '나는 흰 드레스로 보여!!'라고 외치는 것이 글이다. 검은 드레스로 보이는 사람에게 어떻게 다르게 보이는지, 눈을 통하지 않고 상상으로 보여주는 것이 글의 힘이다. 글은 각기 다르게 보는 세상을 보여주는 창이다. 글에서는 나를 그대로 드러내기만 해도 고유해지고, 고유한 것은 각각의 아름다움이 된다.

　나를 드러내는 것, 그것이 글을 쓰기 시작한 이유이다. 혼자 간직하기에 할 말이 너무 많고, 세상과 오해를 풀고 싶었다. 의도한 대로 왜 살고 있지 못한지를 구구절절 변명하고 싶었다. 우리 모두는 책을 쓰기 시작한 각기 다른 절실한 이유가 있을 것이다. 그 이유를 설명하는 글을 써야 목적을 달성하고, 시원해진다. 글로 유명해지고 싶다면 유명해질 수 있도록, 설득력 있게, 글로 나를 돌아보고 싶다면, 철저하게 솔직하게, 어떤 목적이든 이번 60일 안에 달성하길 바란다.

　잘 쓰는 것은 어쩌면 중요하지 않은 문제일지도 모른다.

DAY **16** 쓸말이 없어요.

⏰ 1시간 30분 소요 / 목차를 구성할 때와 달리, 이야기가 재미가 없거나 글감이 부족할 때는 사건이나 내용의 배경을 먼저 자세하게 묘사하는 것도 방법이다.

사소한 것에서 이유를 찾기/ 평소에 글을 많이 안 쓰던 사람에게는 시작하는 것이 가장 어렵다. 한번은 친구가 여행기 쓰는 것을 도와달라고 찾아왔다. 한참 지난 여행 사진을 찾아보고, 지난 여행 코스를 되새겨 보더니 대충 어떤 이야기를 쓸지 감을 잡았다고 했다. 그리고 한참을 열심히 쓰는 것 같았다. 어떤 이야기를 어떻게 쓰는 중이냐 물었더니, 하나도 못 썼다며 하소연을 한다.

별다른 사연이 있는 것도 아니고, 연휴에 가족끼리 외식 겸 다녀온 나들이라서 쓸 말이 없다는 것이다. 그렇다고 여행지에 대해 잘 알지도 못하고, 그때 가족끼리 길에 앉아 아이스크림을 먹은 일 말고는 별일도 없었다고 한다.

어디서부터 시작해야 하나/ 우리가 쓰려고 하는 이야기는 대부분 그렇다. 소설처럼 대단한 사건이 있는 것도 아니고, 대단한 결심을 하고 일상을 살아가는 것도 아니다. 남들 사는 것처럼 별다를 것 하나 없이 산다. 그런 일상을 글로 쓰자니 어디서부터 시작해야 할지 모르는 것은 어쩌면 당연하다.

<90일 작가 되기>에서 만난 분들에게도 자주 듣는 이야기다. 쓰고 싶은 내용은 있는데, 쓸 말이 없다는 것이다.

모든 것에는 이유가 있다/ 이럴 때 해법은 이유를 찾는 것이다. 가족들이 길에 앉아서 아이스크림을 먹은 일은 왜 특별하냐고 물었다. 친구의 부모님은 보수적이어서 길에서 먹는 것을 불편해하신다고 한다.

아이스크림 하나를 먹더라도 매번 실랑이를 해야하는데, 그날따라 순순히 좋다고 해서 사람들이 오가는 계단에 앉아서 아무 말없이 아이스크림을 먹고는 '이렇게 먹는 맛도 괜찮네' 한마디 하셨다고 한다. 포장해서 먹으면 되는데, 굳이 싫어하는 부모님과 왜? 길에서 먹으려 하느냐고 물었다. 친구의 답은, 지나가는 사람들을 구경하면서 간이포크로 허겁지겁 함께 먹는 경험이 여행의 맛인데, 그것을 이해 못 해서, 말이 통하지 않는다며 답답함을 토로했다.

이 짧은 이야기 안에 친구의 여행 철학과 가족 관계가 다 들어있었다. 그래서, 가족여행을 '왜 다니냐'고 물었다. 절대 가기 싫지만, 부모님을 생각해서 마지못해 따라다니는 것인데, 달라도 너무 달라서 타협점이 없다고 했다. '그럼, 따라다니기만 하면 되지 왜 굳이 길에서 간식을 사 먹이면서 다니냐'고 했더니, 요즘 같은 세상에 재미난 것을 다 해봐야 한다고 한다. 이 이야기를 듣고, 여행기의 시작을 이렇게 쓰라고 제안했다.

여행기 예시/ 우리는 항상 달라도 너무 달랐다. 오랜 시간을 같이해도 타협안 같은 것을 찾을 수 없었다. 우리끼리 합의하거나 이해하는 것이 어렵다는 것을 일찍 알고서, 그냥 시간만 같이 보내기로 규칙을 세웠다. 그래서 별 이견 없이 관광지를 찾아다니고, 유일하게 모두 좋아하는 맛집을 찾아다니는 것으로 암묵적인 합의를 이루었다.

-길에서 아이스크림을 먹은 날 이야기
-길에서 먹는 경험을 해주고 싶은 이유

이렇게 써준 것은 아니지만, 이렇게 짚어주자 쉽게 이해했다. 별다를 것 없는 여행이라고 해서, 무엇을 써야 할지 몰랐지만, 모든 가족의 여행은 이렇다. 특별한 이야기만 책으로 써야 한다면, 책을 쓸 수 있는 사람은 별로 없을 것이다. 게다가 특별한 이야기는 공감을 얻기 힘들다. 이 여행기의 배경이 '아프리카에서 아이스크림 먹은 이야기'라면, 모두가 공감하기는 어려울 것이다.

우리는 쓰려는 평범한 이야기의 이유를 찾고, 의미를 이해해야 한다. 당연한 것을 새롭게 보고, 전달하고 싶은 메시지의 포인트를 찾는 것이 글쓰기이다.

이해를 돕기 위한 충실한 배경 설명/ 이유를 찾았다면, 전제조건을 자세히 설명해야 한다. 친구의 여행기라면, 평소에 어떤 사이였는지, 어디를 갔는지, 평소 성격은 어떤지를 알려주면 독자가 더 이해하기 쉽다. 나에게 익숙해서 다른 사람들도 알 것이라고, 본론부터 시작하면 안 된다. 우리는 이 가족의 나이대도 모르고, 평소에 어떤 사람인지 아무것도 모른다. 독자가 바로 그렇다. 글로 말해주지 않으면 아무것도 모르는 사람들이다. 쓸 말이 없을 때는 하려는 이야기의 배경을 꼼꼼하게 먼저 쓰는 것도 방법이다.

흔한 가족여행 이야기를 쓰는데도, 알려두어야 할 것들이 이렇게 많은데, 다른 글들은 꼭 필요한 내용들이 얼마든지 더 많을 수 있다. 외국인이 읽어도 이해할 수 있도록 기본적인 정보를 주는 것으로 시작해야 한다. 독자에게나 이 글을 다시 읽을 몇 년 후의 자신에게나 마찬가지다.

작가는 친절하게 1부터 10까지를 모두 친절하게 설명해서 독자가 이해가 쉽도록 도와야 하는 것이 의무를 진다.

이것으로 이제 막 초고를 쓰기 시작한 분들에게 글감이 많이 생겼기를 바라면서, 오늘은 24,000자까지 쓰면 된다.

쓸 이야기의 이유나 왜를 고민해 보자.

지금 쓰는 부분의 자세한 배경 설명을 먼저 쓰자

41

1시간 30분 소요 / 글을 쓰다가 어떤 부분에서 막혀서 도저히 답이 나오지 않으면, 다음 부분으로 과감히 넘어가도 된다. 내가 듣고 싶은 말을 쓰는 것도 방법이다. 내가 듣고 싶은 말이, 독자가 듣고 싶은 말이다.

글감을 찾는 법에 이어서, 글감 찾기의 또 다른 해법도 있다. 어찌어찌 매일 글쓰기를 이어오고는 있는데, 매끄럽게 글쓰기를 이어간다는 생각이 들지 않거나, 내용이 선명한 느낌이 들지 않을 때는 글을 쓰는 상황을, 솔직하게 쓰는 것에서부터 시작하면 좋다. 결국 글쓰기는 내면의 이야기를 써야 하는데, 마음의 소리를 얼마나 솔직하게 글로 표현하느냐에 성패가 달렸다. 솔직하게 쓰는 것은 글을 쓰는 내내 작가가 고민해야 하는 문제 중 하나이며, 꾸준히 훈련되어야 진짜 원하는 바를 이해하고, 솔직하게 쓸 수 있다.

'어려워요'로 시작하기/ 글감을 찾는 것이 어렵다면, 지금 글을 쓰는 심정과 상황에서부터 시작해서 독자와 공감하면 좋다. 어려운 문제가 생기면, 쉬운 문제부터 차근차근 해결해 나가는 것과 같다. 쓰고 싶은 수많은 문제 중에서 가장 선명한, '글쓰기가 어렵다.'부터 시작해 보는 것도 방법이다.

오랫동안 책을 내고 싶었다. 지금까지 오랜 기간 해온 일의 전문가이기도 하고, 한 가지 일을 오래 하면서 겪어온 노하우를 나눠주고 싶었다. 사회초년생으로 회사생활을 시작할 때는 어리고 열정적이어서, 남들 못지않게 관련 서적은 다 뒤져보고 공부했다. 책들은 방향은 알려줬지만, 현실과는 달랐다. 책으로는 절대 알 수 없는 자잘한 문제들이 넘쳐났다. 누구도 알려주지 않는 일들을 해결하느라 시간과 돈이 두 배로 들어가고, 노동력은 무제한으로 소비되었다.

돌아보면 어렵지 않은 일이었는데. 경험이 없었다. 무엇을 모르는지도 몰랐다. 나와 같은 어려움을 겪는 사람이 있다면, 지금 쓰는 글이 도움이 되길 바란다.

위의 글은 실용서를 쓴다는 가정하에 글감이 없을 때, 작가의 고민에서부터 시작하는 글의 예시다. 이렇게 자신의 상황과 의도를 되짚어 보면, 책을 쓰려고 했던 이유와 주제를 재확인할 수 있고, 독자에게도 공감을 얻을 수 있다. 독자는 과거의 나와 같은 고민을 가진 사람이면서, 비슷한 관심사를 가진 동료인 경우가 많다. 작가로의 고민에서 시작해서 문제를 풀어나가면서, 왜 설명하기 어려운 것이지 상황을 설명하고 원인을 찾아보는 것도 방법이다. 나중에 삭제하게 되더라도 글을 쓰다가 막힐 때는 가장 솔직한 마음을 글로 옮기고, 거기서부터 실마리를 찾아보자. 이유가 없는 문제는 없다. 스스로에게 솔직해지는 법을 배우면, 글감이 없어지는 일은 없다.

듣고 싶었던 그 '말'을 찾아야 한다/ 온라인 강의에서 글이 막혀서 풀기가 어렵다는 분들과 대화를 해보면, 이유가 없는 것은 아니다. 대화로는 문제점이 무엇인지 설명을 잘한다. 대부분의 이유는 글로 쓰기에 너무 사소한 문제라는 것이다. 별것 아닌 내용을 굳이 글로 써야 하는 고민에 빠진다거나, 말로는 쉬운데 글로는 어렵다는 이야기를 많이 듣는다. 글로 써도 되는 것과 아닌 것을 구분하기 때문이다. 글에 써도 되는 말, 글 다운 말은 없다. 전달하려고 하는 내용이 무엇인가를 다시 한번 질문하는 것, 나의 경험을 나누는 것이 글이다.

대단히 중대한 문제는 답이 있고, 오히려 다양한 해결책이 있다. 책처럼 느리고, 낮게 속삭이는 매체는 사소한 것, 내가 아니면 아무도 말해주지 않을 무언가를 발굴하는데 목적이 있다. 세상의 속도가 너무 빨라서, 중요한 문제가 아니라서, 아무도 답해주지 않는 소소한 경험을 들려주려는 느리고 답답한 매체가 책이다. 그러나 책을 덮었을 때는 누구에게 털어 놓기 어려운 문제의 답을 찾는 것도 책이다. 어려움에 맞서, 내가 듣고 싶었던 그 '말'을 찾는 것이 글감 찾기의 또 다른 해법이다.

　　다음을 위해서 한계를 만나는 일/ 목차를 하나씩을 초고로 써나가다가, 어딘가에서 막히면 과감히 넘어가서 다른 항목을 쓰는 것도 방법이다. 중요한 것은 그날의 글쓰기를 멈추는 것은 안 된다. 생각나는 대로 술술 쉽게 글을 쓰는 사람은 없다. 다들 표현의 한계를 만난다. 한계를 만났다는 것은 다음 단계로의 발전이 시작되었다는 뜻이다. 글쓰기가 막힐 때, 하는 생각은 이전까지와는 다른 방법으로 전개된다. 같은 방법으로는 답을 찾을 수 없기 때문이다. 바로 당장 답을 얻을 수는 없겠지만, 결국 시간을 들이면 답을 찾게 되고, 생각하는 방법, 글쓰는 방법을 하나 더 찾게 되는 것이다. 글쓰기가 어려워지면, 그때가 바로 다음 단계로 가는 문 앞에 서있는 것이다. 절대 여기서 멈춰서 있으면 안된다. 시간을 들이는 것이 정답이다.

　　꾸준히 쓰는 것도 어렵고, 글을 이어나가는 것도 어려우신 줄 압니다. 다행히 글쓰기는 누구나 어렵습니다. 어떻게든 써 둬야 고칠 수도 있고, 뺄 수도 있습니다.

4
4

내가 듣고 싶었던 그말이나 조언을 써보자.
지금 쓰는 부분이 왜 쓰기 어려운지 이유를 적어보자.
말로 녹음하거나, 가까운 사람과
지금 쓰는 주제 이야기를 해본다.

⏰ 1시간 30분 소요/ 이 책에 60일 동안 글을 쓰는 과정을 기록하기도 하고, 그때 그때 쓴 글을 인쇄해서 들고 다니면서 두 달간의 여정을 매일 함께하면 좋겠다. 몸에서 멀어지면 마음에서도 멀어지는 것은 사람만은 아니다.

글을 풍부하게 하는 재료, 메모/ 책을 쓰는 사람이 강박적으로 집착해야 하는 것이 있다면 바로 메모다. 메모는 글을 쓰는 사람의 영감이고, 감정이고, 기억이고, 재료이며 창고다. 글을 잘 쓰는 것은 메모에 얼마나 집착했느냐에 달렸다고 해도 과언이 아니다. 메모가 작가의 표현력을 풍부하게 하고, 통찰을 깊게 만든다. 모든 순간을 기록하는 것과 메모는 또 다르다. 쓸만한 감정과 순간의 번뜩임을 선별해서, 기억해야 할 중요한 부분만 보물창고에 보관하는 것이다. 사람의 표현력이나 생각에는 한계가 있다. 아무리 천재적인 작가라 하더라도 즉흥적으로 상상하는 것만으로 좋은 글을 쓸 수 없다. 돈이 많은 사람이 부자이고, 메모가 많은 사람이 좋은 작가다. 경험이 아무리 많아도, 분류하고, 기억하지 않으면 글로 담을 수 없다. 이제 시작하는 우리같은 신인을 일류작가로 바꿀 힘이 있다면, 재능이나 천재성이 아닌 메모이다. 할 수 있는 모든 수단으로 메모해야 한다.

사실과 감정 모두 메모하기/ 메모는 사실과 감정 두 가지를 주로 기록하게 되는데, 사실은 글에 쓰면 좋은 문장이나, 글에서 꼭 다뤄야 할 소재, 참고자료들을 기록하면 좋다. 메모해야 중요한 내용을 빠트리지 않는 것은 누구나 다 알고 있다. 감정도 꼭 메모해야 하는 중요한 부분이다. 학술 논문이 아니고서는 전문서적이라 하더라도 경험을 쓰지 않을 수 없다. 경험의 영역에는 실질적인 문제 해결방법에 더해서 감정적인 부분을 어떻게 잘 다루느냐도 다룰 수 있다. 이때 경험을 잘 설명할 수 있게 돕는 자료가

감정을 기록한 메모다. 감정을 기록한 메모는 사실을 다룬 메모와는 달라서 메모하지 않으면 다시 기억해내기가 매우 어렵다. 에세이나 시, 소설 같은 문학적인 글을 쓸때는 순간의 감정과 사소한 사건의 기록이 매우 중요하다. 기분이나 감정은 논리적 사고과정이 아니라서 메모하지 않으면 기억해내기 힘들다. 글을 쓸 때 상상이나 가정에, 사실을 근거로 제시하면, 글쓰기가 훨씬 쉽다. 이때, 메모에 근거해 글에 사실을 더할 수 있다. 실제 일어난 일, 감정 등을 강박적으로 메모 할수록 좋은 글이 나온다.

목차를 가지고 다니면서 메모하기/ 60일 글쓰기에서 추천하는 좋은 메모 방법은 목차를 가지고 다니면서 수시로 메모하는 것이다. 목차를 구성하면서 어떤 내용을 쓸 것인지를 대충 계획했지만, 구체적인 내용을 목차 항목마다 메모해두면 글을 쓸 때 수월하고, 글쓰기의 속도도 빨라진다. 계획없이 글쓰기를 시작하면 논리적으로 부실해질 수 있는데, 메모를 꼼꼼히 해두면 훨씬 좋은 글을 쓰는데 도움이 된다. 목차는 들고 다니기만 해도, 글이 좋아진다.

메모 앱 추천 '구글 KEEP'/ 메모는 어떤 프로그램을 사용해도 좋지만, 추천하는 앱은 구글 'Keep'이다. 주로 사용할 메모장을 고를 때, 가장 중점을 두어야 할 점은 찾기 쉽도록 검색되어야 하고, 클라우드 기능을 지원해서 어떤 기기로 접속하든지 쉽게 메모가 가능 해야한다. 주로 구글 킵을 사용하고 라벨을 달아서 정리해 둔다.

손으로 메모를 했을 때, 텍스트 파일로 옮기는 것도 쉽지 않다. 구글 킵을 이용하면 손으로 종이에 적은 메모를 사진 찍어 쉽게 텍스트로 바꿀 수 있다.

모바일, PC 사용가능, 자동 동기화
자동저장기능
음성 메모
사진에서 텍스트 불러오기
라벨 분류, 검색기능
무료 사용 가능 앱
https://www.google.com/keep/

또 다른 메모의 노하우가 있다면, 녹음으로 메모하는 것이다. 메모하기 어려운 상황이거나, 내용이 구체적이고 길면 녹음으로 메모하는 것도 좋다. 녹음한 음성을 텍스트로 바꿔주는 여러 가지 앱이 있다. 추천할 만한 녹음 앱은 삼성 핸드폰 기본 프로그램인 '삼성 녹음기'다. 삼성 녹음기에는 텍스트 모드가 있다. 인터넷이 가능하기만 하면, 녹음과 동시에 음성을 글로 변환해 준다. 운전을 하는 동안 이 방법으로 아이디어를 많이 녹음하고, 인터뷰등을 할때도 활용하면 좋다. '구글 키보드'나 '네이버 키보드'도 음성 입력을 지원한다. 이 기능을 이용해서 메모장에 음성으로 메모를 남길 수 있다.

메모의 또 다른 좋은 점은 글쓰기에서 관심이 멀어지지 않을 수 있다는 점이다. 딱 두 달만 집중하면 초고를 완성할 수 있지만, 현실은 주말 이틀만 글쓰기를 잊고 지내도, 언제 글을 쓴적이 있었나 싶을 정도로 관심에서 멀어진다. 수시로 메모를 하는 것은

글을 쓰고 있다는 사실을 늘 상기시킨다. 이 책을 메모할 수 있도록 만든 것도, 그런 이유다. 항상 들고다니고, 생각을 멈추지 않아야 마무리 할 수 있다. 단, 2달만 집중하면 된다.

이 책의 내용보다 중요한 것은 그날 그날 잘 기록해서
책쓰기에서 멀어지지 않기를 바랍니다.
A4 크기의 책으로 만든 것도, 필요한 내용을 인쇄해서
책에 끼워다니면서 글쓰기에 집중하면 좋겠다는 생각이었습니다.

43

DAY 19 녹음으로 글쓰기

⏰ 1시간 30분 소요 / 강의 교재나, 자기 계발서 등 녹음으로 글쓰기 좋은 종류의 책이 있다. 글쓰기가 막히거나 갑자기 좋은 생각이 났을때도 녹음으로 글을 쓰는 방법을 알아두면, 시간 절약에 좋다.

처음 책을 쓰게 되면, 평소에 글을 좀 잘 쓴다는 사람들도 금방 난관에 부딪힌다. 두서 없이 쓰게 되거나 논리 구조가 허술해지거나, 분량이 너무 짧아졌다. 당연히 온라인 강의에서는 글쓰기가 익숙하지 않은 분들이 많았고, 타이핑 속도가 느린 분들도 많았다. 책쓰기에 참여하신 한 작가분이 아이디어를 주셨는데, 바로 녹음으로 글쓰기이다.

녹음을 잘 활용하면 유리한 점이 많다. 산책을 하거나 다른 일을 하면서 원고를 쓸 수도 있고, 글로 잘 안 풀리던 내용을 쉽게 쓸 수도 있다. 영화에 나오는 작가들이 녹음기를 사용하는 모습은 많이 봐서 '작가놀이'에도 좋다. 앞에서 소개한 <삼성 녹음기>를 이용해서 메모를 하는 법을 소개 하려고 한다. 글을 잘 풀어나가지 못할 때 시도해보면 좋다.

녹음으로 글쓰기의 장점/ 형식을 바꾸면 내용도 바뀐다. 처음에는 말로 쓰려니 어색할 수 있는데, 자꾸 시도하면 적응이 된다. 말로 쓰면, 글이 너무 경직된 문어체가 되거나, 생각이 잘 정리되지 않을 때 도움이 된다. 사람들은 말하기가 글쓰기에 비해서 훨씬 훈련이 많이 되어 있는 편이다. 하루도 말을 하지 않는 사람은 없기 때문이다. 글쓰기에서 분량이 너무 짧아지거나, 논리적으로 비약이 심할 때는 주제에 대해서 녹음을 하면서 해결되기도 한다. 글로 쓸때는, 생각의 속도가 글을 쓰는 속도를 따라오지 못해서 논리 단계를 뛰어넘어버리는 경향이 있는데, 말로 쓰면, 훨씬 자세하게 내용을 담을 수 있다. 물론 녹음으로 글쓰기도 연습이 필요하다. 처음에는 말로 글을 쓰는

자체가 어려워서 포기했었는데 꾸준히 시도한 결과 글을 쓰는 것처럼 녹음으로도 글을 쓸 수 있게 됐다. 다만 녹음을 텍스트로 변환하는데 한계가 있어서 거의 타이핑을 다시 해야하는 수준이지만, 생각이 막힐 때는 매우 효과적이다.

특히나 강의용 교재를 쓰는 사람이라면 음성으로 글쓰기가 매우 적합하다. 강의는 자신 있는데, 책으로 쓰기 힘들어하는 분들이 많다. 그럴때 혼자서 독자에게 강의하듯이 녹음하면 된다. 글로 쓰는 것보다 빠르고 생동감 있는 원고를 완성할 수 있다.

녹음으로 글쓰는 법
삼성 녹음기 / 네이버 키보드 / 구글음성입력

삼성 녹음기/ 음성으로 글 쓰는 방법 중에서 가장 추천하는 앱이다. 삼성 핸드폰에 제공되는 기본 앱이고, 음성인식의 수준이나 맞춤법 등이 준수한 편이다. 아래 3가지 모드를 지원한다.

4
2

무제한 음성녹음/ 인터뷰/ 음성 텍스트변환

녹음을 이용해서 글을 쓸때는 삼성녹음기의 마지막 탭에서 '음성 텍스트 변환' 모드를 사용하면 된다. 최대 10분까지 녹음이 가능하고, 음성을 바로 텍스트로 변환해 준다. 단 온라인으로 연결되어 있어야 텍스트변환이 가능하다. 10분의 제한 시간은 너무 쓸데없는 이야기로 빠지지 않게 해주기도 하고, 나중에 텍스트를 수정할 때, 너무 많은 분량의 텍스트를 수정해야 하는 부담에서도 덜어준다.

구글 음성 입력기/ 네이버 키보드/ 안드로이드 핸드폰에 기본적으로 들어 있는 구글 키보드나, 네이버 키보드에서도 음성 입력을 지원한다. 다만, 녹음파일은 생성되지 않는다. 삼성 녹음기와 마찬가지로 온라인에 접속 중에만 텍스트로 변환 된다. 음성 입력기는 키보드를 대체하기 때문에 메모장과 결합해서 써야 한다. 다만 어떤 종류의 앱에서도 키보드대신 사용 가능해서 편리하다. 구글 입력기는 텍스트의 변환 속도가 빨라서 좋지만, 한글 맞춤법에 취약한 단점이 있다. 수정하는데 시간이 많이 걸린다.

네이버 입력기는 구글에 비해서 맞춤법과 띄어쓰기가 탁월하다.

윈도우 음성 입력/ 윈도우도 음성으로 입력기를 지원한다. 역시 메모장이나 한글 등과 함께 사용해야 한다. 마이크가 있는 윈도우에서 사용 가능하다. 아래의 단축키를 이용해서 쉽게 이용할 수 있다.

Windows + H: 음성 입력 시작

Windows + period(.): 구두점 입력

Windows + Enter: 음성 입력 완료

오늘은 말로 글쓰기를 이용해서 평소보다 많은 추가 분량을 더 써보면 좋겠다. 음성을 변환한 텍스트를 수정하는 데 손이 많이 가지만, 말하다 보면 아이디어도 생기고 짜투리 시간을 활용하기에 좋다.

음성녹음으로 글쓰기를 절대 활용하지 못 할 것 같았습니다. 불편하고, 자연스럽지도 않았죠. 연습하고 사용하다보니, 글로 생각할때와 분명히 다른 점이 있습니다. 녹음으로 글쓰기 시도해 보세요.

DAY 20 반말?, 높임말?

1시간 30분 소요 / 어떤 언어로 써도 괜찮다. 작가가 쓸 때 어색하면, 독자가 읽을때도 어색하다. 자연스럽게 쓰되 한번은 생각해 봐야 한다. / 아직은 20일차이다. 원고 분량이 부족하다면 지금 따라잡아야 한다.

<90일 작가 되기>가 막 시작되어서 초고를 쓰기 시작한지 얼마 안됐을 때, 한 분이 물었다. "반말로 원고를 쓰려니 어색한데, 다른 글쓰기 수업에서 반말로 써야 한다고 들었습니다. 꼭 반말로 써야 할까요?"

경어체로 쓸 것인가? 반어체로 쓸 것인가도 첫 책을 내는 작가에게는 고민거리다. 초보 작가는 매 순간이 자신의 언어를 만들어 가는 과정이다. 자주 쓰는 단어나, 습관 같은 것이 자연스럽게 모여서 작가만의 언어가 되지만, 누구도 말해주지 않는 사소한 문제들도 해결해야한다. 시간이 지나면 자연스럽게 알게되지만, 누군가 답해주면 간단해지는 문제가 있다. 바로 반말과 높임말 같은 고민이다. 특히 블로그 같이 직접 독자와 만나는 매체에서 글을 많이 썼던 경우에는 반어체가 불편할 수 있다. 작가의 언어에는 정답이 없다. 작가가 쓰고 싶은 대로 잘 전달할 수 있도록 쓰면 된다. 우리가 글을 읽을 때 정보와 함께 배어 나오는 작가의 면모도 함께 읽기 때문이다.

존중과 시점 사이/ 다른 관점에서 보면 반말과 높임말을 선택하는 것은 존중에 대한 문제가 아니고, 시점과, 경제성의 문제다. 영화를 보면서, 우리는 주인공에 동화된다. 독자가 작가의 시점과 일치할 수 있다면, 공감을 얻기에 좋다. 독자는 읽을 뿐이지만, 작가는 끊임없이 독자를 글 안으로 데려와야 한다. 그럴 때 높임말은 작가와 독자는 하나가 아니라고 끊임없이 상기시켜주는 3인칭이 강조된 어법이다. 작가

의 선택에 달린 문제이지만, 독자의 몰입을 방해하게 될 수도 있다.

책은 영화나 공연과는 다른 힘이 있다. 같은 내용의 소설이라도, 공연이나 영화에서 관객은 공감할 수는 있으나 관객임을 잊기 어렵다. 독자는 책을 읽는 동안 자신의 경험을 투사하면서, 어느 순간 주인공과 동화되는 일이 빈번히 일어난다. 책 한 권이라는 호흡이 긴 글은, 무의식 속에서 독자를 끌어당기는 힘이 있고, 1인칭 시점으로 말하는 것은 이것을 돕는다. 반말처럼 보이지만 시점의 문제임을 알고 나면 문제가 간단해 진다.

글의 경제성/ 경제성 측면에서 볼 수도 있다. 존칭을 쓰면, 서술어가 길어지게 된다. 글이 경제적이어야 하는 이유는 명료해야 잘 전달되기 때문이다.

글은 어느새 가장 자유로운 곳이 됩니다. (되었습니다.)
글은 어느새 가장 자유로운 곳이 된다.
글은 어느새 가장 자유로운 곳 입니다.

'됩니다', '되었습니다'의 경우 미래나 과거형의 형태가 된다. '자유로운 곳입니다.'로 바꾸면 '되다'가 생략된다. 경우에 따라 높임말과 반어체의 의미를 완벽하게 일치시키기 어려울 수도 있다. 국어는 언제나 어려워서 더 복잡한 예를 찾지 못했지만, 높임말이 훨씬 경제성이 떨어진다. 우리말은 조사와 어미, 서술어에 따라 의미가 미묘하게 바뀌는데, 높임말을 쓰는 순간 말이 길어진다. 군더더기가 없어야 의미 전달하

기에 좋다. 읽는 사람마다 의미를 다르게 느끼면 명확하지 못한 것이다. 존중을 담다가 정확한 의미전달에 실패하면 안 된다.

작가가 경어체로 쓸 것인가 단정적인 반어체로 쓸 것인가는 상황에 따라 다르고 정답도 없다. 그러나, 이런 고민을 통해서 글에서 작가의 목소리가 점차 완성되어 간다. 고민은 언제나 답으로 이르는 문이다.

반말로 쓰는 것이 나은 것처럼 썼지만, 그런 점도 있다는 뜻입니다. 글은 작가가 편한 언어로 쓰는게 맞습니다. 그러나, 한번은 생각해, 볼 여지가 있는 문제입니다.
단, 섞어쓰는 것은 좋지 않습니다.

🕐 1시간 30분 소요 / 초고쓰기의 원칙은 글쓰기의 원칙과 다르다. 초고를 쓸 때 가장 중요한 것은 메시지를 담는 것이다. 초고를 쓸 때는 숲을 봐야 한다.

초고를 쓸 때는 글쓰기 원칙을 잊자/ 책쓰기 강의를 운영하는 원칙이 있다. 글쓰기 첨삭은 하지 않는다. 글이란, 의미만 전달되면 틀린 것은 없다. 우리가 말할 때마다 상대의 문법을 고쳐주거나, 목소리를 평가하지 않는 것과 같은 이유이다.

"접속사와 부사를 쓰지 말아야 한다던데요?"

이런 질문을 받았다. 글쓰기와 독서를 사랑해서, 어떻게 하면 좋은 글을 쓸까 고민하다가 질문하셨다. 맞다. 글쓰기 강의에서 말하는 글쓰기 원칙은 다 맞는 말이다. 빠르게 글의 완성도를 높이는 방법을 알려주기 위한 노하우가 많다. 초고를 쓸 때는 이런 원칙을 잊었으면 좋겠다.

글쓰기는 혼자 부르는 노래처럼 신나는 일/
그래서 우리는 앞으로 정말 좋은 글을 쓰기 위해서 매우 많이 글을 쓰고, 성실하게 원고를 채워나가면 좋을 것 같다.

초고는 위의 문장처럼 써야 한다. 퇴고를 하면 남는 문장이 없이 군더더기가 가득하다. 그런데, 초고는 이렇게 쓰는 것이 맞다. 생각나는 대로 속도감 있게 하고 싶은 말을 쓰는 것이 초고다. 물론 경험이 많은 작가라면 초고도 군더더기 없이 좋은 표현으로 채울지 모르지만, 초보 작가는 책을 쓰는 이유, 메시지를 초고에 잘 담는 것이 중요하다.

쓰고 싶은 내용이 있는데, '그래서'를 썼다가 지우고, '것이다'를 '하다'로 바꾸다 보면 한 발짝도 나가기 어렵다. 초고 쓰기는 혼자 운전하는 차안에서 내 맘대로 신나게 노래 부르는 것이다. 잘 부르는 노래건, 못 부르는 노래건 상관없다. 운전하면서 부르는 노래처럼 글을 쓰면 글쓰기가 재밌어진다.

우리는 평생 동안을 말하기 훈련을 하면서 살아왔다. 사투리를 쓰든지, 문법에 맞지 않는 문장을 쓰든지 우리는 의사소통에 대부분 문제없이 살아간다. 글도 마찬가지다. 일단은 내가 의도한 대로 읽히는지가 가장 중요하다. 접속사가 너무 많거나 부사가 많거나 하면 거슬릴 수도 있지만, 가장 중요한 것은 내가 하고싶은 말이 가장 잘 전달되느냐 이다. 아무리 좋은 문장이라도 어려운 단어로 의사전달이 안 된다면, 자기자랑에 그치고 말것이기 때문이다.

초고를 쓴 것을 글쓰기의 원칙에 맞게 1차 퇴고한 것이다. 내용 전달에는 퇴고 전이나 후나 큰 차이가 없다. 잘 정리된 작가들의 글은 처음부터 그런 모습이 아니었다. 퇴고를 하면서 우리가 보는 글이 된 것이다. 기성 작가들도 퇴고를 거치는데, 처음부터 완벽한 문장을 써내려고 욕심을 내면 안 된다. 원칙은 잠시 잊고, 글쓰기의 즐거움을 느끼면서 쓰면 좋겠다. 엉망진창이지만 노래를 부르고 있다는 사실만으로도 즐거운 것, 그것이 글쓰기이고, 그것이 글쓰기의 원동력이 된다.

글쓰기의 원칙은 근육처럼 체화되는 것/ 물론 글을 오랫동안 쓰면, 자연스럽게 옳은 표현을 구사하는 능력이 높아진다. 글쓰기의 원칙은 몸이 기억하면서 습관이 되어가는 것이다. 나중에 교정, 교열을 하면서, 자신의 글을 꼼꼼하게 고치면서 많이 훈련이 된다. 좋은 문장을 만드는 법 보다, 내용을 잘 전달할 수 있는 초고쓰기의 몇 가지 방법을 소개하자면,

**4
0**

쉽고 / 짧고 / 중복을 줄이고

소리 내어 읽었을 때 어색하지 않으면 된다

우리는 평생 말하는 훈련을 하면서 살아왔기 때문에 문법이 말속에 녹아 있다. 읽었을 때 어색하다면 읽기 쉽게 고치면 된다. 기본적으로 전달이 잘 되는 문장을 만드는 것이 습관이 되면, 쓰고 싶은 단어, 표현들을 섞어가면서 언어의 마법사가 될 수 있다.

초고쓰기의 원칙은 메시지에 집중하는 것/ 초고쓰기의 원칙은 어떤 문장을 어떻게 잘 쓰냐가 아니고, 내가 가진 생각을 얼마나 거침없이 종이 위에 내려 놓느냐의 문제다. 두서가 없어도 되고, 한말을 또 해도 되고, 문법이 틀려도 된다. 일단 메시지를 담는 것이 초고쓰기의 원칙이다. 나무 말고 숲을 봐야 한다. 기억할 것은 우리는 다른 사람의 초고는 본 적이 없다는 점이다. 완성된 글을 기준으로 삼으면 두려움만 커진다. 밑그림 없이 완성작을 만들 수는 없다.

글쓰기에 정답은 없다. 우리가 익히 잘 아는 천재 작가 이상은 심지어 우리와 소통하려는 노력도 없어 보인다. 언어는 작가가 글로 만드는 예술이기 때문에 적정선이라는 것이 존재하지 않을지도 모른다.

다른 이들의 충고를 귀 담아 듣고, 자기 확신을 가지고 쓰면 좋겠다. 글을 객관화해서 보되 주관적으로 써야 한다. 이 글을 읽으며 외롭게 글을 쓰는 모든 분이 자신만의 언어를 찾기를 기도한다. 그러나 그전에 초고에 메시지를 잘 담으면 좋겠다. 우리는 소통하기 위해 쓰고 있다.

⏰ 1시간 30분 소요/ 한글 프로그램을 사용하면 맞춤법 검사에도 유리하다. 10만 자를 넘어가면 맞춤법 검사도 버겁다. 매일 3~4분만 더 투자해서 맞춤법 검사로 마무리 하자.

매일 마무리는 맞춤법 검사로/ 초고를 쓰는 것은 습관을 만드는 과정이다. 매일 일정한 시간 글을 써서 루틴으로 만들고, 알람 맞추고 글쓰기, 자주 저장하기 같이 초고쓰는 습관을 잘 만들어 가야 지치지 않고 실수를 방지할 수 있다. 초고쓰기 습관을 잘 만들면, 퇴고할 때 수월하다. 그중 하나가 매일 글쓰기를 마치고 한글에 있는 맞춤법 검사로 마무리하는 것이다.

자가출판을 준비하는 작가에게 맞춤법은 어쩌면 글쓰기보다 어려운 문제다. 맞는 맞춤법을 쓰기도 어렵지만, 긴 원고를 맞춤법 검사기로 검사하는 것 자체도 오래 걸린다. 매일 원고쓰기 마무리를 맞춤법 검사로 끝내면, 나중에 맞춤법 검사를 한 번에 하는 수고도 덜고, 맞는 맞춤법도 자연스레 익히게 된다.

<한글>은 다른 프로그램에 비해서 정확도가 높은 맞춤법 검사기를 지원하기 때문에, 기본적인 맞춤법은 <한글>에서 먼저 확인하면 된다.

맞춤법 검사는 F8을 누르거나,
도구 - 맞춤법 메뉴를 선택해도 된다.

<한글> 안에 있는 맞춤법 검사기 외에도 이용할 수 있는 여러 가지 맞춤법 검사기가 있다. 그중에서 신뢰도가 높고, 무료로 사용할 수 있는 곳만 소개하려고 한다.

부산대 맞춤법 검사기

http://speller.cs.pusan.ac.kr/
무료로 사용할 수 있다. 접속이 잘 되지 않고, 사용법도 편리하지 않으나 정교한 맞춤법을 확인할 때 사용하면 좋다. 한컴도 같은 엔진을 사용한다고 한다.

인크루트 맞춤법 검사기

https://lab.incruit.com/editor/spell/
무료로 사용이가능하고, 3만자까지 한번에 검사가 가능하다. 사이트 접속이 안정적이고, 사용법도 쉽다. 글자 수도 동시에 확인할 수 있다.

자가출판 작가는 아무 도움이 없이 혼자서 맞춤법을
확인해야하기 때문에 약점이 된다. 그래서, 자가출판
작가의 성실성과 완성도는 맞춤법에서 나온다고도 볼
수 있다. 이 글을 쓰면서도 뜨끔하다.

39

⏰ 1시간 30분 소요 / 사본 만들기는 누구나 알고 있는 방법이다. 그러나, 루틴으로 실행하는 사람은 적다. 너무 당연한 이야기에 페이지를 할애했지만, 사본 만들기가 우리 글을 구해줄 것이다. 오늘부터 당장 사본을 만들자.

가끔 순탄하게 책을 쓰다가, 갑자기 포기 선언을 하는 분들이 있다. 글쓰기는 매 순간이 고비라서 어떻게든 글 쓰는 분들께 해법을 주려고 노력한다. 그러나, 어떤 말도 도움이 되지 않는 순간이 있는데, 저장이 제대로 안 되었거나, 파일이 열리지 않을 때다. <한글>프로그램은 간단한 문서 작성 프로그램이라서 오류가 없을것이라고 생각하면 오산이다. 충분히 오래 <한글>을 사용하지 않아서, 경험하지 않았을 뿐이다. 대부분은 아무 문제없이 원고를 완성하지만, 매 클래스마다 한두명씩 며칠 분량의 원고가 사라지거나, 파일이 통째로 안 열려서 고생했다. 주요 원인은 그림이 너무 많거나, 서체가 특이하거나, 컴퓨터 사양의 문제였다. 그 외에도 한 두페이지씩 저장이 잘못되거나, 수정 전 파일을 덮어쓰는 문제는 많이 일어난다. 그런 불상사를 막는 방법이 사본을 저장하는 법이다. 사본을 저장할 때도 노하우가 있다.

이 방법은 <90일 작가 되기>를 통해 활발히 활동하고 계신 작가님에게 배웠다. 사본을 항상 저장하자면서, 여러 가지 방법을 고민 중이었는데, 이용호 작가님의 방법이 가장 간단하면서 안정적이었다. 작가님이 구해주신 원고가 정말 많을 것 같아서, 대신 감사를 전한다.

매일 날짜를 적은 사본 만들기/ <한글>프로그램 상단의 파일메뉴 - 다른이름으로 저장하기로 파일 앞에 날짜를 적어서 매일 사본을 만든다. 그러면 폴더 안에는 날짜별 사본이 생기고, 파일에 문제가 생기면 하루 분량은 복구할 수 없겠지만, 안정적으로

이전 문서는 백업되어 있게 된다. 파일이 너무 많아지지 않도록 3~4일 단위로 이전 파일을 삭제하면 된다.

1.한글에서 '5.10일 초고.hwp' 파일을 연다.
2.다른 이름으로 저장을 눌러서, '5.11일 초고.hwp'라는 이름으로 새로 저장한다.
3.저장 이후 부터는'5.11일 초고.hwp'에 저장 된다.

특히 특별한 서체를 적용하는 경우, 그림을 많이 삽입하는 경우에는 필수적으로 사본을 만들어야 한다. 특히나 혼자 아무 도움 없이 글을 쓰는 사람의 경우는 힘들게 쓴 글이 날아가면 매우 쉽게 포기하고 싶어지기 때문에 꼭 사본 저장을 하는 습관을 들여야 한다.

저장 노하우의 뒷 이야기/ <90일 작가되기> 수업에서는 실제로 원고를 복구할 수 없었던 분들이 있었다. 보통을 다같이 서로가 아는 방법들을 전수해주면서 복구를 시도했지만, 복구에 성공한 사람은 몇 없었다. 초보 작가분들이 몇 장 분량의 원고를 날려 먹으면, 나는 좋아한다. 글쓰기는 작가의 사고 과정을 늘어놓는 일이다. 문장은 잃어버렸지만, 생각하는 방식은 달라지지 않는다. 신기하게도 전혀 기억나지 않는 부분을 다시 쓰더라도 이전에 쓴 원고와 쌍둥이처럼 비슷하게 쓰게 된다. 비슷한 논리로 생각을 전개하고, 글에 담기 때문이다. 어떤 일도 반복하면 숙련되듯이, 우리는 의식하지는 못하지만, 같은 부분을 두 번 쓰면, 사고는 넓고 깊어진다. 당연히 글의 완성도도 높아진다. 만약 글을 쓰다가 일부를 날리더라도

좌절하지 말고 침착하게 다시 쓰라는 뜻이다. 다시
쓰는 글이 전혀 시간낭비가 아니다.

38

🕐 1시간 30분 소요 / 첫 책은 작가를 투영한다. 그러면서 작가 자신을 위한 것이 되기도 한다. 첫 책으로 원하는 목적을 이루면 좋겠다.

첫 책으로 이루고 싶은 것은 무엇입니까?/ <90일 작가되기>를 진행하면서 책쓰기에 성공한 사람과 실패한 사람을 모두 많이 만났다. 성공과 실패 사이에 무엇이 있었을까? 실력이나 능력 차이는 아니었다. 성실함도 이유는 될 수 있지만, 성실한 사람도 책을 완성하는데 실패하기도 한다.

이전에 글을 쓸 때와 책을 쓰면서 달라지는 점은, 누군가 읽어줄 것이라는 생각으로 쓴다는 점이다. 첫 책을 쓸 때 경계해야 할 것이 바로, 독자를 상정하고 글을 쓰는 것이다. 가장 먼저 '나에게 집중하라'고 말하고 싶다. 책은 독자와 만나기 이전에 작가 자신과 나누는 내면의 대화이다.

첫 챕터를 쓰면서부터 가족과 친구, 동료들의 반응을 생각한다. 사생활이 드러나는 작은 힌트도 가리고, 가족들이 몰랐으면 하는 생각도 걷어내고, 그들이 듣고 싶어하는 말로 채운다. 그러면, 나는 사라지고 없다. 책을 읽고 보일 반응들을 끝없이 상상하면서, 나도 모르게 혼자 쓰는 책 안에서 사회생활을 한다.

책안에 적당한 겸손과 적당한 자랑, 적당한 이야기만 남긴다. 글 안에서도 솔직하기가 어렵다. 드라마 <안나>의 광고에서 본 '혼자 보는 일기장에도 거짓말을 쓴다' 는 말이 뼈저리게 와닿는다.

영혼을 닮은 책/ 책은 영혼의 투사이다. 아무리 숨기려고 해도 사람들의 감각은 작가의 영혼을 읽어낸다. 우리가 쓰고 있는 이 책이야말로 작가의 영혼과 닮아 있어야 한다. 책을 쓰라고 강요한 사람은 없다. 우리의 책이 나오기만 목 빠지게 기다리는 사람

도 없다. 겨우 체면을 차리자고, 시키지도 않은 일을 하면서 고생할 이유가 없다.

그렇다. 우리는 스스로를 가둔다. 우리 자신을 지키기 위해서, 상처받지 않으려고, 어른처럼 세상을 살아가기 위해, 수많은 이유로 세상에 맞춰왔다. 어디서도 온전히 나를 표현 할 수 없었다. 글쓰기는 진짜 자신과 대면하는 첫 단계이다. 책은 작가가 스스로에게 들려주는 이야기이다. 첫 책을 쓰는 작가라면, 일단은 독자 말고 나 자신을 위해 글을 써야 하고, 진짜 하고 싶은 말로 채워나가야 한다.

가장 솔직한 자신과의 대화로 진솔한 원고를 쓰고, 퇴고하면서 얼마든지 덜어내고 싶은 내용은 삭제 할 수 있다. 그러나 독자를 상정하고 글을 쓰기 시작한다면, 한마디도 진실을 쓸 수 없고, 점점 할 말을 잃어 갈 것이다. 좋은 글은 좋은 문장이나 멋진 표현이 아니다. 울림을 가질 수 있는 진정성을 담느냐의 문제다.

가장 자유로운 곳에서, 나를 위한 시간/ 글은 세상에서 가장 자유로운 세상이다. 글과 상상속에서 우리는 무한히 자유롭다. 어떤 불가능도 이룰수 있고, 어떤 가능성도 점쳐 볼 수 있다. 글 안에는 금기도 없고, 상상과 글은 어떤 인생의 고난 앞에서도 빼앗기지 않는 개인의 것이다. 가난도 권력도 생각과 글만은 빼앗을 수 없다. 그래서, 나는 가장 자유로운 세상으로 들어왔다. 카뮈는 어머니가 돌아가신 날을 헷갈려하는 주인공의 감정을 담아, 소설 『이방인』에서 금기를 깨고 불멸의 작가가 되었다. 도스트예프스키

는 돈이 필요한 주인공이, 돈이 남는 노파의 돈을 좀 사용하자는 말도 안되는 논리로 글 안에서 이웃을 죽이고, 불멸의 작품 『죄와벌』을 완성했다. 우리 안에 숨겨놓은 욕망과 금기를 마음껏 넘어도 되는 세상이 글이고, 글은 어떤 상상도 다 담을 수 있는 무한한 그릇이다. 그래서 우리는 글쓰기를 희망한 것이다. 첫 책에서 좋은 글을 쓸 가능성은 희박하고, 투자한 시간에 비해 읽어주는 사람은 초라할 정도로 적을 것이다. 그러나, 첫 책에서 그 어느 곳에서도 만나지 못한 자유를 만끽하기를 바란다. 우리가 꿈꾸어 왔던 그 어떤것이라도, 우리가 이루고 싶었던 그 무엇이라도 글 안에서 이룰 수 있다.

첫 책으로 베스트셀러 작가나, 유명세를 얻는 사람은 아주 소수다. 첫 책으로 하고 싶은 말도 다 담고, 내 마음에 쏙 드는 글도 쓰고, 가족과 동료 친구들에게 칭찬도 받고 싶은 마음부터 내려놓아야 한다. 첫 책은 작가 자신을 위한 책이다.

1시간 30분 소요 / 목차를 다시 한 번 확인하면서 수정, 보완하자. 글쓰기 의욕이 떨어졌다면, 다시 시작하자.

지금까지 20일 넘게 초고를 써왔고, 일정에 맞게 매일 글을 써왔다면, 4만자 내외가 되었을 것이다. 책 전체 분량의 1/4을 넘어섰다. 그렇다면 내가 첫 책을 쓸 때와 같은 문제를 고민하고 있을지도 모르겠다. (4만자도 100쪽 정도의 책을 만드는데는 문제가 없다. 분량 때문에 너무 괴로워하지 않아도 된다.)

예상과는 전혀 달랐던 초고쓰기/ 나는 자신만만하게 첫 책을 쓰기 시작했었다. 제목은 <블로그로 시작하는 디지털노마드 실험>이었다. 그 무렵에 블로그 수익이 잘 나고 있었고, 오랫동안 블로그를 운영해왔기 때문에 시원하게 수익 내는 법을 알려주고 싶었다. 다른 책들에 빠진 핵심을 나만은 잘 담아낼 수 있을 것 같은 착각에 빠졌다. 첫 한 두장을 쓰기 시작했을 때, 깨달았다. 나는 관련 단어조차 명확히 정의 내리지 못하고 있었다.

'거시기해서 거시기한 다음 블로그로 이렇게 해서 저런 방법으로 성공했'고 쓰고 있었다. 잘 썼다고 생각했던 부분은 내용이 여기저기로 확장되어서 도통 무슨 이야기를 하고 있는지 알 수 없었다. 내용을 정리해가면서, 알아듣게 쓰자니 며칠이 지나도 초고를 쓰는 속도가 나지 않았다. 과연 책을 마무리 할 수 있을까 의심스러웠다.

천천히 정리가면서 쓴 글이 더 나은 것도 아니었다. 천천히 쓰다보니 주제가 삼천포로 빠지기도 하고, 시간을 들여서 쓴 부분이라고 안 고칠 수 있는 것은 아니었다. 내용은 불분명하고, 메시지는 삼천포로 빠지고 있었고, 분량은 예상의 절반 밖에 되지 않았다. 그런데도 예상 보다 2~3배의 시간이 걸렸다.

이 시점에서 결단을 내렸다. 천천히 문장을 다듬어 가면서 글을 쓰면, 속도 때문에 절대 책을 완성할 수 없을 것 같았고, 첫 책을 완성하지 못하면, 다음 기회는 없을 것이라는 생각이 들었다. 일단 목차대로 최대한 빠르게 쓰기로 했다. 마음을 내려놓고, 말이 안 되더라도 앞만 보고 분량을 늘려가기 시작하자, 오히려 메시지가 심플해졌다. 어려운 문제를 풀 때는 쉬운 해법을 찾아야 문제가 해결된다. 쉽게 생각하니 내용이 삼천포로 빠지는 일도 줄어들었다. 실제로는 글을 쓰기 시작한지 열흘정도 밖에 지나지 않은 시점인데도 초고쓰기는 생각과 전혀 달랐다. 이 시점에 위기가 많이 찾아온다. 벌써 답이 안나오는 초고를 보면서 글쓰기가 두려워지거나, 하루 이틀씩 미루기 시작한다. 만약 벌써 위기가 찾아왔다면, 오늘부터 다시 시작하는 마음으로 시작해야한다. 아직은 충분히 만회가 가능하다.

지금까지가 가장 어려웠다. 일단 빠르게 쓰자/ 빠르게 쓰고 분량이 늘어가면, 그 원고는 오래 사권 연인 같아진다. 투자한 시간이 아까워서 그만둘 수 없게 된다. <한글>프로그램 하단에 적힌 글자 수를 보면 중간에 그만 둘 수 없다. 어떻게라도 책으로 내야겠다는 오기가 생긴다.

빠르게 쓰다보면, 쓰면서 글쓰기가 는다. 책의 도입부를 쓰던 우리와 마지막 맺음말을 쓰는 우리는 다른 작가다. 커피숍 알바 첫 날과 마지막 날은 같은 사람이지만 절대 같은 사람이 아닌 것과 같다. 시작할 때 아무것도 몰랐던 초보작가는 한 달을 성실하게 지내면, 혼자서도 충분히 제 몫을 해낼 수 있게 된다.

책을 쓰는 것은 과정이 더 중요한 이유다. 과정이 우리를 작가로 만든다.

초고를 쓰면서 심사숙고해서 아름다운 표현을 만들고, 완벽하게 수미상관하게 쓸 수 없다. 책을 완성했을 때, 우리가 읽었던 좋은 책들처럼 정리 되있으면 된다.

목차를 수정 보완하고, 분량도 따라잡자/ 앞서 언급했듯이 글을 쓰다가 어떤 부분에는 막히기도 한다. 문제는 목차대로 쓰고 있는데, 한 단락을 쓰고나면 분량이 끝나기도 하고, 어떻게 써야 할지 도무지 모르는 부분도 생긴다는 점이다. 그럴 때는 해당 부분은 체크해두고, 다음 부분부터 쓰는 것이 낫다. 하고 싶은 말을 자유자재로 꺼내는 훈련이 안되어 있기 때문에 일어나는 문제다. 그래서, 목차를 프린트해서 중간중간 메모도 하고, 시간날 때마다 들여다보고, 메모해야 한다. 목차를 자주 들여다 볼수록 글쓰기 속도와 글감이 충분해진다.

오늘은 앞으로 글쓰기 계획을 돌아봐도 되겠다. 초고를 어느 정도 써봤으니 글감이 충분한 목차와 추가할 내용, 합쳐야 할 부분들이 보일 것이다. 목차를 한번 더 점검하고, 마음도 다시 한번 다잡으면 좋겠다. 내용이 확실해서 **빠르고** 명료하게 쓸 수 있는 부분이 있다면 그 부분을 먼저 완성하고, 완성하지 못한 부분으로 돌아오면 된다. 초고를 쓴 분량이 충분하지 않다면, 시간 낼 수 있는 날에는 하루 정도 몰아쓰기를 해서, 분량도 따라잡자.

오늘은 잔소리라서, 이전에 모두 한번씩 언급했던 내용입니다. 빠르게 쓰기, 목차 점검하기 등입니다. 사실 초고 쓰는 것은 계속 자신의 글을 객관적으로 보는 과정도 함께 하게 됩니다. 그런 과정에서 글쓰기 의욕이 떨어지기도 하는데, 20일 경이 가장 어렵고 힘들었던 것 같습니다.

앞으로는 조금씩 익숙해 집니다. 다시 시작하는 마음으로 '목차와 내용을 점검합시다.

⏰ 1시간30분소요 / 쓰기가 조금은 익숙해진 시점이다. 지금까지 써 둔 글을 읽어보면서 어떻게 보완할 것인가 고민할 기회다. 글의 구조를 생각하면서 읽으면 달리 보인다.

반복적으로 초고를 쓰는 방법에 대해서 이야기하고 있다. 우리의 목표는 완성도라는 두려운 무게는 내려놓고, 속도를 내서, 메시지를 선명하게 쓰는 것이다. 자신과의 약속 앞에 성실하게 글을 쓰고 있더라도 마음에 쏙 드는 원고를 쓰는 사람은 별로 없다. 누구나 거쳐야 하는 과정을 지나는 것 뿐이다.

내 글을 분석적으로 점검하기/ 문장의 완성도나 글의 논리가 부족하더라도 빠르게 하고 싶은 말을 쓰는 것에 초점을 맞추자고 강조했다. 잘 써야겠다는 압박감을 내려 놓았는데도, 성실하게 매일 책상에 앉아 있는데도 시원치가 않다. 첫 책을 쓰는 작가들이 많이 직면하는 문제는 분량이 예상보다 적다는 점이다. 40개가 넘는 목차를 준비했는데도 완성 후 분량 모자랄 것으로 예상 된다면, 자신의 글을 객관적으로 분석해 볼 필요가 있다.

우리가 쓰는 주제는 오랫동안 잘 알고 있던 내용이 대부분이다. 실용서를 쓰는 사람이라면, 전문 분야에 대한 내용일 것이고, 에세이를 쓰는 사람은 자신의 인생이나 경험을 쓰고 있을 것이다. 알고 있는 것, 경험한 것, 전달하고자 하는 내용을 잘 전달하기 위해서 지금까지 쓴 글의 구조를 확인해봐야 한다.

글의 구조가 잘 형성되어 있는가/ 글은 보통 서론 본론 결론의 구조를 가지는데, 책 전체의 구조 뿐만아니라 각 장, 문단 안에서 이러한 구조는 끊임없이 반복된다. 글의 성격에 따라 결론을 먼저 제시하거나 서사적으로 기술하거나 방법은 달라질 수 있지만, 결론을 설명하기 위한 배경 설명, 과정의 기술, 결론 도출이라는 점은 어떤 글이나 같다. 지금까지 쓴 글을 읽어보고 이러한 구조가 잘 드러나 있는지 확인해야 한다. 글의 구조는 논리적인 구조와도 연결된다.

정의하기/ 글의 논리 구조를 쉽게 만드는 방법 중의 하나는 어떤 사건이나 내용에 대해서 정의하는 것이다. 이해하기 쉬운 전제나 결론을 먼저 정의하고, 적절한 논거와 과정을 제시하는 것으로 글의 논리적 구조를 형성할 수 있다. 장르에 상관없이 어떤 문제에 대한 정의로 시작하면 독자는 글의 논리를 쉽게 파악할 수 있다. 작가 입장에서도 논리의 전제가 되는 정의를 중심으로 글을 쓰는 것이 더 쉽다. 특히 실용서에서는 매우 유용하다.

설명하기/ 뭔가를 정의한다면, 전제 조건을 설명해야 한다. 문제제시나 글의 배경이 되는 내용으로 이를 잘 설명해야 독자가 전체 내용을 이해하기 쉽다. 독자에게 아무런 정보가 없다고 전제하고 최대한 자세히 배경과 조건을 설명해야 정의가 성립되는 과정을 이해시킬 수 있다. '계란 프라이'에 대해서 말한다고 할 때, 일상적인 대화라면

"냉장고에 계란 있으니까, 계란프라이 해먹어."
이렇게 이야기 할 테지만,

글에서는 물리적 공간, 시간적 배경, 방법과 과정을 모두 설명해야 한다. 그래야 작가와 접점이 전혀 없는 독자를 이해시킬 수 있다. 초보작가가 간과

하는 점이 내가 알고 있는 것을 당연히 독자가 알고 있으리라고 생각하는 것이다.

계란프라이는 주로 아침 식사에 제공되는 반찬으로 닭의 알을 프라이팬에 기름을 두르고 익혀내는 것이다. - 정의
계란프라이는 단독으로 먹기도 하지만, 반찬이나 요리에 고 사용 한다. 조리법이 쉽고, 영양가가 높은 단백질 공급 원이며, 모양이 보기 좋아서 고명으로도 많이 먹는다.-전제
계란 프라이를 하려면, 계란과 소금 식용유를 사용한다. 달 군 프라이팬에 식용유를 두르고, 계란을 깨서 익히고, 소금 을 뿌려 마무리한다. 계란프라이는 완전히 익히면 완숙, 반 만 익히면 반숙이라고 한다. 맛의 차이는 없으며, 취향대로 먹으면 된다. -과정이나 내용

위와 같은 사실을 독자에게 설명한 뒤, 필요에 따라서 의견이나 관점을 담으면 된다. 그러나, 기본적 인 내용에 대한 설명이 없으면 독자를 이해시키고 설 득하기에 어렵다.

계란프라이는 흔한 음식이었고, 요리라고 할 수 없었지만 항상 식탁에 식구 수만큼 준비되어 있었다. 사회생활을 시 작하면서 잊고 있었는데, 식당에서 계란프라이를 내주면 집에서 보냈던 식사시간이 생각난다. 귀한 음식도 아니고, 누가 특별히 좋아하는 것도 아니었지만, 우리 가족식사의 시그니쳐 같은 것이었다. -주장이나 개인적 경험

억지스럽게 계란프라이로 글의 구조를 설명했다. 모든 글에 맞는 내용은 아닐 수 있지만, 글의 구조적 인 짜임을 생각하면서 지금까지 쓴 글을 보면 달리 보인다. 분량이 부족해지는 문제에서 이야기를 시작 했지만, 분량을 맞추라는 이야기는 절대 아니다. 글을 객관적으로 다시 읽어보고, 글의 전개와 구조가 충분 히 논리적인지, 잘 전달되는지 확인해봐야 할 시점이 다.

정의를 잘 활용하고 있는가
서론, 본론,결론을 잘 구성하고 있는가
논리적 구조는 잘 형성되어 있는가
근거를 잘 제시하고 있는가

⏰ 1시간30분소요 / 표현은 멋있는 단어나 문장으로 완성된다고 생각하지만, 사실, 생각하는 것을 잘 전달되고 난 뒤에 좋은 표현이 기능을 한다. 내용을 쉽게 전달하는 것은 언제나 어렵지만, 기본이 탄탄하면 같은 표현도 빛이 난다.

앞서 글의 구조에 대해서 객관적으로 확인해 봤다면, 표현에 대해서도 생각해봐야 한다. 문학적인 글을 쓰는 사람은 단어나 표현에 대해서 지나치게 집중하고, 실용적인 글을 쓰는 사람은 글의 표현에 대해 간과하는 경향이 있다. 여기서 말하는 표현력이라는 것은 단어나 문장을 얼마나 적절하게 잘 쓰느냐에 대한 문제로 생각하기 쉽지만, 글에서 표현력이라는 것은 글 너머의 이미지에 핵심이 있다.

표현력이란/ 글에서 표현력이란 생각과 느낌을 얼마나 생생하게 잘 전달하느냐, 주장을 설득력있게 전개 하느냐라고 볼 수 있다. 작가 가진 생각을 원본에 가깝게 묘사하는 것, 원본보다 더 아름답게, 더 설득력 있게 전달하는 것이 표현력이다. 결국 생각을 글로 옮기는데, 글의 구조는 논리적인 생각을 글로 옮기는 방법에 가까웠다면, 표현력은 머릿속 이미지를 묘사하는 방법에 가깝다.

우리는 기억할 때 언어를 사용하지 않는다. 감각을 이용해서 기억한다. 여행을 추억할 때 장소의 풍경, 더웠는지, 추웠는지의 촉감, 냄새 등을 기억한다. 머릿속에서 여행했던 순간을 이미지화 한다. 그래서 어떤 냄새가 특별한 기억을 되살리기도하고, 특정한 풍경이 누군가를 생각나게 하기도 한다. 우리의 뇌는 논리적인 내용을 이미지화 하는데 특화되어 있어서, 우리는 꿈도 동영상처럼 꾼다. 이제는 다른 사람에게 글을 입력해서 꿈같은 영상을 보여줄 차례다. 글은 시간을 멈춰서 사진을 찍는 것과 같고, 사진에 감각을 포함한 이미지를 적어내는 것이다.

사진 찍는 것처럼 묘사하자/ 보통은 여행할 때 한 곳에서 여러장의 사진을 찍는다. 글쓰기에서 묘사는 똑같은 장소에서 여러장의 사진을 찍는 것과 같다. 까페에 간다면 카페 전경을 찍고, 주문한 음료를 따로 찍고, 빛 좋은 곳에서 셀카도 찍는다. 계획했던 목차에서 분량이 모자랐다면, 여행지에서 단 한 장의 사진만 찍어서 보여주고 있는 것은 아닌지 점검해 볼 필요가 있다.

장면/ 에세이를 쓰고 있다면, 보여주고 싶은 장면의 전체를 아우르는 풍경을 묘사하고, 클로즈 업을 해서 인물의 표정만 확대하기도 하고, 시간을 멈춰서 인물의 성격을 잠시 설명할 수도 있다. 어떤 때는 완전히 확대해서 세포까지를 낱낱이 보여줄 수도 있고, 보이지 않을만큼 멀리 떨어져서 아스라이 보이는 느낌만을 쓰기도 한다. 글쓰기에서 필요만큼 충분히 설명하고 있다는 느낌이 들지 않는다면, 클로즈업 하고, 줌 아웃했는지를 점검해 보면 좋다.

글로 장면을 자유자재로 옮겨가며 설명할 수 있는 방법을 훈련하는 것이 글쓰기이고, 책은 충분하게 긴 호흡으로 설명할 수 있다. 만약 충분히 글쓰기 훈련이 된다면, 한 장면만으로 한 권의 책을 낼 수도 있을만큼 충분히 묘사할 수 있을 것이다.

생각, 감정, 주장/ 장면에 대해서 충분히 설명했다면, 감정과 생각도 설명해야 한다. 물리적 공간에 대한 배경을 설명했다면, 감정과 생각을 담기 위해서는 사람에 대한 배경도 설명해야한다. 어떤 사람인지,

3
4

관계는 어떤지에 대한 기본적인 사항을 알려주고, 인물에 대한 감정적인 평가나, 느낌을 적어야 독자도 작가의 관점을 이해할 수 있다. 실용적인 글에서는 감정보다는 주장을 담으면 된다.

배경과 생각을 설명했다면, 구체적인 사실을 설명해야 한다. 어떤 일이 일어났는지, 과정은 어땠는지를 사실을 설명해야 감정과 배경이 쓸모있는 것이 된다. 사실에 대한 글이 아니라면 이해를 돕는 예시를 들 수도 있다.

이렇게 작가가 가진 이미지를 그림 그리듯이 잘 설명했다면, 충분히 표현이 잘 되었다고 말할 수 있다. 글의 논리구조를 만드는 것과 크게 다르지 않다고 생각 될 수 있지만, 이러한 기본적인 이해가 전제된 이후에 적절한 문장과 비유, 다양한 단어를 이용해야 표현이 완성 된다.

글로 생각하는 것을 자유롭게 표현하는 것은 쉽지 않다. 작가는 독자에게 노래를 들려줄 수 없고, 영상을 보여 줄 수도 없다. 글이라는 제한적인 표현 수단으로, 감정, 음악, 이미지를 다 보여줘야 하는 어려움이 있다. 그런데, 독자는 글을 읽으며 자신의 경험과 글의 내용을 결합시켜 이미지로 만든다. 작가가 가진 단 하나의 이미지에서 시작된 글이, 수백 수천의 독자를 만나 각기 다른 이미지로 거듭나게 된다는 점을 생각하면 글쓰기가 설레지 않을 수 없다.

표현력은 훈련에서 나온다/ 작가가 자유로운 표현을 할 수 있는 원동력은 누적된 독서에서 나온다. 전달하고 싶은 메시지나 상상력은 무에서 나올 수 있지만, 표현력은 어느날 저절로 생기지 않는다. 독서와 메모와 끊임없는 글쓰기 훈련과 사고의 결과물이 글이 가지는 표현력이다.

⏰ 1시간30분소요 / 이미지도 초고를 쓰면서 준비해야한다. 특히 해상도를 신경써야 하는데, 오래전 컴퓨터에 보관하던 옛날 사진을 사용한다면 미리 해상도를 확인해 봐야 한다. 10년전 사진만 해도 해상도가 낮을 수 있다.

책을 쓸 때, 글의 내용이나 분량만 걱정했겠지만, 자가출판 작가에게는 이미지 역시 초고의 일부이다. 이미지가 많이 들어가는 요리책이나 여행책이라면, 책에 들어갈 그림이나 사진에 대한 계획을 미리 세워야 한다. 글에만 온통 신경을 쓰고 있다가, 원고 완성 뒤 한꺼번에 이미지를 준비하면, 책의 내용을 추가 해야 할 수도 있고, 적절한 이미지를 구하는데 어려움을 겪을 수도 있다. 원고를 준비하면서 이미지도 같이 준비하는 것이 원고 완성에 추가시간이 들지 않는 방법이다. 이미지를 미리 준비한다고 초고 원고에 일일이 그림을 삽입하지는 않아도 된다. 중요한 그림이 꼭 들어가야 한다거나, 사진의 비중이 크다면 어떤 사진이 어떻게 들어갈지 계획을 세워두면 된다. 부크크에서 자가출판할 때 초고 원고를 부크크가 제공하는 양식에 붙여넣어서 사용하게 되기 때문에, 그림 삽입 할 위치를 표시해두기만 하면 된다.

<사진 삽입 위치 예시 1>

이런 방법으로 메모만 해두고 이미지 폴더를 만들어서 파일명을 일치시켜두는 것이 좋다. 나같은 경우 첫 책을 여행기를 썼기 때문에 폴더를 만들어 두고, 원고에는 <이미지 1> 이런 식으로 숫자만 표기해 두었다.

직접 찍은 사진이 좋다/ 이미지를 준비할 때는 직접 그리거나 찍은 사진이 가장 좋다. 저작권 문제에서 자유롭고 원본사진을 사용할 수 있어서, 사진의 크기도 충분한 경우가 많다. 사진의 이미지는 크기가 중요한데, 요즘 핸드폰 카메라나 DSLR카메라의 사진 크기가 충분해서 대부분 사용가능하다.

이미지를 만들때는 인쇄용 300dpi/ 미리 캔버스에서 이미지를 만들어서 삽입하려면 다운받을 때 '인쇄용 JPG' 파일로 다운받아서 사용하면 된다. 아래와 같이 300DPI가 맞는지 한번 더 확인해야 한다.

이미지의 크기와 해상도는 설명하기 어려운 부분 중 하나다. 이미지가 페이지 전체에 들어가는지, 작은 크기로 들어가는지에 따라 다르고, 용도에 따라 이미지 파일의 종류도 다양하다. 인쇄용 이미지의 해

3 3

상도는 300Dpi라는 것을 기억해두자. 다행인 점은 원고를 등록한 뒤 부크크 측에서 검수를 대신 해준다. 이 과정에서 부크크는 메일로 매우 상세한 피드백을 주기 때문에 인쇄사고를 막을 수 있다.

무료 이미지 다운로드 사이트/

픽사베이 - 상업적 사용이 자유로운 이미지 다운로드 사이트로는 픽사베이가 있다. 픽사베이의 거의 모든 이미지를 무료로 사용가능하다.

https://pixabay.com/

공공누리 - 문화체육 관광부에서 운영하는 공공누리사이트에서도 무료 이미지를 다운로드 받아 사용할 수 있다. 공공누리는 이미지뿐 아니라 서체, 영상 등 다양한 자료를 다운받을 수 있고, 모두 저작권 걱정없이 사용할 수 있다. 한국의 다양한 지역 사진이 필요할 때 유용하게 사용할 수 있다.

https://www.kogl.or.kr/

요즘에는 AI를 이용해서 만든 이미지를 사용하는 것도 가능하다. 아직은 많은 AI이미지 제작 사이트에서 무료로 상업적 사용이 가능하다. 그러나, AI로 생성된 이미지 저작권은 앞으로 시시각각 변하게 될 것이므로, 사용 전에 반드시 저작권 문제가 없는지 확인하고 사용해야 한다.

◎PEN

☰

공공누리는 총 **21,931,666** 건의
저작물을 보유중입니다.

이미지	영상	오디오
글꼴	3D	어문

전체 ▽   🔍

🔥 금주의 검색어 #야놀자   ⊖ ⊖

이달의 인기 저작물

이미지   영상   오디오   글꼴   3D   어문

광주 맥문동 숲길

화담숲

국日

⏰ 1시간30분소요 / 출처 표기는 작가의 공부의 깊이다. 인용을 얼마나 적절하게 잘 활용하느냐에 신뢰도가 달려있다.

원고를 쓸 때 모든 내용이 작가에게서 나오면 좋지만, 세상에는 이미 참고할만한 좋은 저작물이 많다. 원고를 쓸 때, 이미지처럼 미리 정리하면서 써야 하는 내용이 있다면, 바로 인용된 글이다. 문학에 해당하는 에세이나, 시, 소설을 쓰면 인용에 대해서 크게 고려하지 않아도 되지만, 실용서적을 쓰는 경우에는 인용과 출처표기법에 대해서 반드시 알아둬야한다.

인용을 어떻게 해야할지 출처표기를 어떻게 해야할지 어렵게 생각될 수 있지만, 출처를 정확하게 표기하는 원칙이라고 생각하면 어렵지 않다. 인용은 글만 빌려오는 것이 아니라, 깊이와 권위도 함께 빌려오는 것이다. 글을 쓰면서, 권위 있는 논문이나 책을 적절하게 잘 인용하면, 저자가 성실하고 깊이있게 자료준비 한 것을 독자도 알 수 있다. 원고를 쓰면서 바로 출처표기를 해두지 않으면, 누락되기 쉬우니, 대충 넘어가면 안된다.

인용에는 '직접 인용'과 '간접 인용'이 있다. 간접인용의 범위는 좀 넓고, 출처표기도 상황에 따라 다르다.

간접인용/ 유명작가 ○○씨 책에서 읽었는데, '글쓰기를 매일하는 사람이야말로 작가다.'라고 했다. 간접인용은 위와 같이 작은 따옴표로 표기 할 수도 있고, 문장의 표현법이 겹치지 않는 선에서 내용을 설명할 수도 있다. 완전히 정확한 내용을 가져온다기 보다는 작가가 맥락이 통하도록 다시 써서 인용하는 경우라고 생각하면 된다. 간접인용을 할 때도 원작자와 작품을 거론해 주는 것이 좋다.

직접인용, 출처표기법/ 신경써야 할 부분은 직접 인용이다. 직접 인용은 매우 다양한 표기법이 존재하는데, 기본적인 책의 출처 표기법은 아래와 같다.

올레비엔, 『시키는대로 책쓰기』, 90일 출판사(2023), p63

<한글>에서는 인용표기를 자동으로 해주는 기능을 지원한다.

한글메뉴 도구-참고문헌-인용-참고문헌 추가하기

인용메뉴에서 참고문헌 추가하기를 통해서 참고문헌을 추가해두고 필요할 때마다 불러와서 사용하면 된다. 입력해야하는 항목이 많지만, 필요한 항목만 입력해서 사용하면 된다. 참고문헌이 많을 때는 이 기능을 사용하면 되고, 많지 않으면 직접 적어도 된다.

출처표기법 예시/

도서 /

저자, 『제목』 (출판사, 출간년도), 페이지 수

김지혜, 『90일 종이책 작가되기』 (부크크, 2023), 148

기사 /

저자, 「제목」, 『매체이름』, 날짜

김지혜, 「공유제주의 미래」, 『제주투데이』, 2023.07.03.

온라인 자료 /

저자이름, "제목", 접속날짜, 사이트 주소

한국어 맞춤법, "문장부호", 2023.05.13 https://kornorms.korean.go.kr/

출처표기법은 용도에 따라 APA, Chicargo, MLA 등 다양한 스타일이 존재하는데, 특별한 학술적 목적이 없다면, 원하는 표기법을 사용해도 무방하다.

APA스타일 출처표기법

Author, A. A., & Author, B. B. (Copyright Year). *Title of the book* (7th ed.). Publisher. DOI or URL

Quick Reference Guide, APA Style (7th Edition.).
https://apastyle.apa.org/

"저자.(출간년도).책제목(시리즈번호.).출판사.출처인터넷주소"

한글에서 인용메뉴를 사용할 때 출처표기법의 스타일도 고를 수 있어서, 가장 대표적인 APA스타일만 소개해 둔다. 결론적으로는 저자와 제목, 출판사와 출간년도를 알아보기 쉽게 기재하는 것이 목적이다.

출처표기는 바로 하지 않으면, 빠트리기 쉽습니다. 초고에서부터 반드시 표기해 두어야 합니다.

1시간30분 / 초고를 쓰면서 문장의 옥석을 가리는 것은 의미가 없다. 일단 몰입해서 쓰고, 나중에 수정하면 된다.

글에서 작가의 강력한 무기가 있다면 솔직함이다. 알베르 까뮈가 그토록 사랑받는 이유도 비난받아 마땅한 솔직한 문장 때문이다.

'오늘 어머니가 죽었다. 아니 어쩌면 어제.'

소설 『이방인』은 작가의 천재성을 나타내는 첫 문장으로 항상 거론된다. 이 문장이 오랫동안 회자되는 이유는 솔직함 때문이다.

솔직함이 던지는 질문/ 우리 마음속에도 스쳐갔으나 스스로도 부끄러워서 재빨리 지워버릴 것 같은 생각이 있다. 이런 문제적 생각은 우리 자신에게 던지는 질문이 된다. 만약, '오늘 어머니가 죽었다. 하늘이 무너지는 것 같았다'고 썼다면, 이토록 사랑받지 못했을 것이다. 애써 외면하는 감정과 생각을 드러내서 '인간이란?', '존재란?' 하면서 의문을 던지는 것이 책이다. 이번에는 우리에게 묻는다. 어디까지 솔직할 수 있으며, 어디까지 솔직해질 것인가? 글을 쓰는 동안 무엇이 진짜 나의 마음이냐고, 스스로에게 끊임없이 묻는 과정이 글쓰기다. 에세이, 시, 소설이 다 그러한 사고과정 속에서 태어난다. 주로 에세이를 쓰는 분들이 많이 하는 고민이 '어디까지 써야 할까.'다. 실용서적이라고 다르지 않다. 과거의 경험에서 어려웠던 점, 진정으로 필요했던 것을 찾아내서 독자에게 쥐어줘야 한다. 실용서는 학문적 관성에 쉽게 젖고, 권위를 내려놓지 못하는 경향이 흔한데, 독자의 입장에서 필요를 찾아야 한다. 결국 어떤 종류의 글을 쓰든지, 장르를 넘어 본질을 꿰뚫는 솔직함이 글을 특별하게 할 비장의 무기이다.

"어디까지 써야 할까요"

생각보다 훨씬 자주 이런 질문을 받는다. 클래스가 시작하자마자 목차쓰기를 시작하는데, 그때 1:1 인터뷰를 한다. 인터뷰를 하다보면, 서로 전혀 모르는 사이라서 오히려 쉽게 인생사를 이야기하면서 에세이 내용을 상의한다. 나에게는 너무도 쉽게 아픔을 털어놓던 분들이 글 앞에서는 망설인다. 부끄러움과 상처를 전시하고 싶은 사람은 없기 때문이고, 사생활이 드러나는 것이 꺼려지는 것은 당연하다. 심지어 다른 사람이 엮여 있을 때도 있다.

"지인들이 책은 사주겠지만, 안 읽습니다. 뒤쪽에 쓰세요"

이런 농담으로 답을 대신하고는 한다. 비밀은 아니지만, 동네방네 자랑하고 싶지 않은 사생활이 누구나 있다. 작가로서는 쓰고 싶으나, 사회적인 개인으로는 굳이 책에 쓰고 싶지 않아서 고민한다. 아무도 없는 흰 종이 위에서 사회생활을 하는 사람이 많다.

초고에는 모든 것을 다 담는다/ 이번에는 정답을 말해줄 수 있다. 초고를 쓸 때는, 일단 써야 한다. 지금은 이 부분만 생략하면, 앞으로 문제 될 부분이 없으리라 생각하지만, 기억나지 않을 뿐이다. 하나둘 민감한 내용을 빼다 보면 남의 인생과 별다를 것이 없어지고, 굳이 쓸 이유도 없어진다.

초고는 오로지 작가의 것이다. 아무와도 공유하지 않으면 그만이다. 일단 써보고 나면, 감정과 생각을 바꾼 계기였음을 깨닫게 된다. 민감할수록 격렬했을 것이다. 작가에게 어떤 의미인지를 알아야 더하거나 뺄 수 있다. 쓰기 전까지는 정확한 의미를 파악하기 힘들다. 써야 깨닫는다.

과거의 나에게 전하는 이야기/ "일반적인 이론적 배경이나 사례를 추가해야 할까요?" 실용서를 쓰는 분들에게는 이런 류의 질문도 받는다. 다양한 분야의 교양서나 실용서를 쓰려는 분들도 많고, 자가출판의 실용서는 '나'로부터 시작되는 경험적 내용이 많다. 처음에는 확신을 가지고 시작하다가, 중반을 넘어가면, 고민에 빠진다.

'이렇게 솔직하게 써도 될까?'

'수준이 너무 낮은 것은 아닐까?'

불안함이 커져서, 자신의 이야기를 보완 할 수 있는 배경지식을 추가해서 책을 쓰려고하는 경향이 있다. 물론 잘못된 것은 아니다. 그러나, 학문으로 학자들과 경쟁하면 반드시 진다. 실용서나 교양서를 쓰는 사람일수록 경험을 담아서 솔직하게 써야 한다. 일반인이 쓰는 실용서는 '개인'의 경험이 담겨있어야 빛난다. 독자들도 우리에게 대단한 지식을 원하지 않는다. 잘 생각해보면, 권위있는 지식을 얻고 싶었다면, 우리 책을 선택하지 않았을 것이다. 물론 모든 책이 그런 것은 아니지만, 이 같은 고민을 하고 있다면, 답은 언제나 같다.

'과거의 나'에게, '과거의 나와 같은 누군가'에게 보내는 이야기라는 점을 잊으면 안된다.

'어디까지 써야할까' 이 고민과 마주했다면, 작가가 되었다고 볼 수 있습니다. 책을 쓰는 과정은 쉬운과정이 하나도 없지만, 스스로에게 하는 질문을 만났을 때, 비로소 자신과 만났다고 할 수 있습니다.

스스로와 나누는 대화가 시작된 시점에서 주춤하지 말고, 과감하게 질문을 던져야 합니다.

1시간30분/ 책이라는 특별한 매체의 힘 앞에서, 자가출판 작가들은 언제나 고민한다. 무명작가의 이야기이지만, 우리의 책이 공감을 얻는 것은, 일상의 언어로 쉽게 다가오는 경험의 힘이 아닐까

'출판하다'라는 뜻의 영어 단어 'Publish'는 라틴어 'Publicus'의 파생어인, 'Publicare'에서 나왔다. 'Publicare' 공공의, 대중의 라는 뜻이고, 'Publish'는 '공공에 발표하다'라는 뜻이 담겨 있다. 애초에 출판은 더 많은 사람을 위한 것이었다.

자가출판, 독립출판, 1인출판의 시대에 출판은 대중에 발표하는 것을 넘어서 기존 출판 체계의 벽을 허물고 있다. 불과 몇 십년만에 출판의 대상과 주체가 모두 대중이 되었다. 예전에는 읽히는 것의 목표가 공공성이었다면, 이제 출판은 다음 단계로 진화하고 있다. 누구나 쓰고, 누구나 읽는 것이 출판이되었고, 출판이라는 이름에 걸맞게 되었다. 예전에는 책은 어려운 것이고, 권위 있는 것이었다. 이제 책의 권위는 우리 손에 달렸다. 얼마 전에 들은 강의에서 한 출판인은 "읽기 소멸의 시대가 이렇게 빨리 올 줄 몰랐다"고 말했다. 읽으려는 사람들이 급격하게 줄어들고 있다. 너무 다양한 매체가 우리의 시간을 빼앗기 위해 자극적이고 매력적으로 다가오기 때문에 정말로 읽기는 소멸 될 지경이다.

누구도 책으로 말할 수 있는 권리/ 반대로 쓰려는 사람은 늘어나고 있다. 인플루언서들은 커뮤니티의 힘에 기대어 경력이나 사업의 확장, 브랜딩을 하고 있다. 우리 같은 일반인도 자가출판과 독립출판시장에 뛰어들면서, '쓰는 것'과, 출판의 위상이 달라지고 있다. 기존 출판사들은 독립출판이 많아지면서 다양한 책이 나온다고 환영하면서도, 독립출판과 자가출판의 완성도에 의문을 제기한다. 쓰고 싶은 사람만

많고, 읽고 싶은 사람은 없는 지금, 출판의 미래와 자가출판이 가져오는 새로움을 어떻게 받아들여야 할지 모두가 모른다. 예전에 책을 냈던 작가들도 자가출판 작가들과 다른 생각으로 책을 내지는 않았다. 내 이름으로 된 책으로 꿈을 이루거나, 자신을 홍보하거나, 경력의 시작을 만들려는 움직임은 같았다. 자가출판 작가들이 자신의 이름으로 된 책을 낸다고 해서 비난할 자격이 있는 사람은 없다. 글쓰기가 어려운 사람도 작가가 될 수 있고, 누가 대신 판단할 일은 아니다. 전자책이나 POD출판으로 누구나 출간 하게 된 것은 결국은 대중도 마이크를 갖게 된 것이다. 정확히 유튜브가 같은 과정을 거쳤다. 다 알기 어려울만큼 많은 종류의 소소한 주제로 유튜브를 하고 있지만, 비난하는 사람은 없고, 참여자가 늘어나면서 유튜브는 날로 커졌다. 완성도가 떨어지면, 보는 사람이 없을 뿐이다. 자가출판도 같은 길을 걸을 것이라고 보고, 누구라도 책으로 말할 수 있어야 한다고 생각한다. 다만 완성도는 작가인 우리의 책임이다. 목소리가 아름다운 사람이 아니더라도 누구나 노래할 권리는 있다.

이런 현실적인 문제와 상관없이 지금 우리가 쓰는 원고는 귀중한 60일이라는 시간이 담긴 원고다. 일상에 치여서 얼마의 시간이 지나고 나면 우리는 책을 냈다는 사실도 잊을지 모른다. 보통사람이 책을 내고 싶은 욕망을 누구도 타박할 수는 없지만, 책의 완성도에 대해서는 타박할 수 있다. 내 책의 권위는 내가 만든다.

안 팔리는 작가일 수는 있지만, 60일이 헛되지 않도록 내가 할 수 있는 최선을 책으로 빚는다고 생각하면 된다. _저도 매우 반성하면서 책을 수정하고 있습니다.

일상의 언어로 드러내는 경험의 힘/ 어려운 말로 책을 쓰던 시대는 지났다. 불과 100~200년전만 하더라도, 책은 어려운 것이 었고 지식인들의 것이었다. 아직도 두껍고 어려운 책은 비싼 핸드백보다 들고 다니면 그냥 기분이 좋다. 전근대 시대까지만 하더라도 문맹률이 높아서 글이 적혀있기만 해도 책은 어려운 것이었다. 이제는 교육수준이 높아짐에 따라서 여러 가지 언어를 구사할 수 있는 사람조차 흔한 세상이 되었다. 어렵고, 지루할 것 같은 책에 주눅드는 사람은 없어졌다. 잘 쓰는 문제는 이제 학식을 자랑하는 것이 아닌, 잘 이해시키는 것에 달렸다.

누구나 쓰는 시대에 책은 이기려고 쓰는 것이 아니라는 점을 잊으면 안된다. 이기려고 쓰는 책을 이기는 책은 반드시 나온다. 책은 절대로 지식을 재는 자가 아니라는 것을 강조하고 싶다. 우리의 인생과 경험을 이해시키는 것, 보통 사람의 내공을 일상의 언어로 보여주면 좋겠다.

혼자서, 글을 써서 책을 내는 것은 끝없는 고민의 연속입니다.
자가출판이라는 매체도 고민을 더해줍니다.
책은 그 어떤 매체보다 오래 살아남습니다.
우리의 노력이 헛되지 않도록, 확신을 가지고, 완성도 있는
책을 만드시면 좋겠습니다.
우리 책이 언제 어디서, 누굴 만날지 절대 알 수 없습니다.
누구 앞에서도 우리의 목소리를 대신하기를 바랍니다.

DAY 32 두께로 말하는 작가

1시간30분 / 책의 완성도가 앞으로 다가오는 15일에 달렸다. 초반 열흘은 글쓰기에 적응하는 시간이었다면, 이제부터는 글쓰는 재미를 알아가는 시간이다. 재밌게 쓰면 없는 시간도 나고, 글쓰는 재미를 잊으면 시간이 나도 쓰지 못 한다. 글쓰기는 좋아서 하는 일임을 기억하자.

이제 초고를 쓸 수 있는 시간은 보름 남았고, 한 달이면 원고에서 손을 떼야 한다. 지나온 과정을 생각하면 이제 20일 정도 원고를 써왔다. 계획대로라면 목차의 반 정도는 썼어야하고, 일정대로라면 72,000자에 오늘 도달해야 한다.

돈을 받지 않고 글을 쓴다는 것/ 지금까지 매일 한두 시간씩 글쓰기에 투자했다. 돈을 받지 않고 매일 글을 쓴다는 것은 쉬운 일이아니다. 돈을 받고 글을 쓰는 것은 아무나 할 수 없는 일이지만, 일단 맡으면 누구나 끝낼 수 있다. 한국 사람들은 그렇다. 실제로 우리도 적성에 맞지도, 재미있지도 않은 일을 돈을 받기 때문에 하면서 살고 있다. 돈을 받고 글을 쓰는 스트레스는 상상할 수 없지만, 돈을 안 받고 글을 쓰는 사람도 끊임없이 나태와 싸워야 한다.

보통 사람의 글쓰기는 그런 것이다. 기다리는 독자도 없고, 돈을 받는 일도 아닌데, 좋아서 하는 일이다. 객석에 관객이 꽉 차서 모두가 기다리는 가수는 노래만 잘하면 된다. 텅 빈 객석 앞에선 신인가수는 자신을 넘어야 무대를 마칠 수 있다. 지인 몇으로 채운 객석은 이제라도 그만두라고 사인을 준다. 그래도 꿈의 무대를 완성하기 위해서 텅빈 객석 앞에 서는 것이 돈을 안 받고 글을 쓰는 작가들이다. 60일간 시간을 쪼개서, 원고를 쓰는 것이 지치는 일임을 안다. 그러나 꿈을 이루는 일이고, 누가 시키지 않아도 좋아서 하는 일인 것을 끊임없이 기억하면 좋겠다.

자부심의 부피, 분량/ 온라인 강의를 진행하는 내내 화제는 분량이었다. A4 100장이나 쓰는 것이 어렵겠다는 반응은 이해할 수 없었다. 이제 막 <90일 작가되기>를 시작했을 때, 쓰지 않고 작가가 되고 싶다는 것을 이해하지 못하는 초보강사였다.

그것은 글을 안 써 본 사람의 두려움을 이해하지 못하는 내 문제 였다. 한 가지 주제를 다양하게 변주하면서 일목요연하게 써 내는 것은 쉬운 일은 아니다. 아무리 준비되고 메시지가 분명하더라도 경험이 필요하다. 나도 항상 원고를 마감하면서, 술 취한 사람처럼 한 말을 또 하고, 한 말 또 하는, 빈약한 레퍼토리에 매번 실망한다. 분량은 <90일 작가되기> 수업 내내 모두를 압박하는 문제였다. 게다가, 분량은 작가의 자부심이고, 독자에게도 자부심이 되는 이상한 부피를 차지한다. 독자들도 두꺼운 책은 그나마 잘 보이는 곳에 꽂아 두거나, 자주 들고다닌다

15일의 두께/ 분량은 쓰고 있을 때 뿐 아니라 책이 나오고 나서도 작가들을 괴롭힌다. 초보 작가들은 자신이 완성할 책이 어떤 모습인지 이해하지 못한다. 막상 책이 나오고서야 분량이 부족한 것을 실감한다. 얇은 책은 작가의 삶과 경험의 깊이가 얇은 것처럼 느껴지기 때문이다. 우리는 매일 책을 보지만, 내 책의 미래는 쉽게 그리지 못 한다. 내 책의 미래의 모습을 상상해볼 시점이 오늘이다.

실물로 된 종이책을 받아보는 순간, 행복할 것 같지만, 자가출판 작가들은 책을 받는 순간 분량 때

문에 한탄하게 된다. 책을 완성하고도 무명 작가의 오류 투성이의 얇은 책에 실망한 분들도 많았다. 지인에게 책을 많이 팔 계획이라면 글을 쓰고 있는 지금 이 시간을 알차게 보내야 한다. 두꺼운 책을 내밀수록, 지인들은 우리의 노력을 가벼이 평가하지 못하고, 얄미운 말을 던지더라도 책을 살 때 돈을 더 많이 내야 한다. 고마운 사람에게는 두터운 노력의 결과를 떳떳하게 선물할 수 있는 그날이 곧 온다. 녹음이고, 메모고 다 활용해서 글쓰기에 집중해야 한다. 60일째가 지나고 편집을 시작하게 되면, 조금 여유가 생긴다. 보름만 더 집중하면 된다. 인생에서 보름은 긴 시간이 아니고, 책은 시간이 지나도 더 두꺼워지거나 얇아지지 않는다.

목차가 부족할 것 같다면 오늘 보충하고 글쓰기를 시작하자.

이제 초고를 쓸 시간은 15일 남았습니다.
15일을 어떻게 보내느냐에
분량이 달려있습니다.
사실 분량이 중요한 것은 아닙니다. 앞으로 15일간을 어떻게
다시 집중할 것인지 계획을 돌아보면 좋겠습니다.
15일을 집중하기는 어렵지만,
15일은 절대 긴 시간은 아닙니다.

⏰ 1시간30분 / 이 책에서는 반복적으로 비슷한 내용의 체크리스트를 제시하고 있다. 작가는 주관적으로 쓰고 객관적인 눈으로 자신의 글을 읽어야 하기 때문이다. 그 과정에서 글쓰기 실력도 좋아진다.

초고를 쓰기 시작한지 한달이 되었다. 이쯤 되면, 글쓰기에는 좀 속도가 붙고, 쓰는 것 자체도 익숙해졌을 것이다. 잠시 지금까지 써온 글에 문제는 없는지 다시 점검해야 할 시간이다.

전제조건과, 배경설명/ 배경설명에 관한 내용은 이전에도 설명했다. 그만큼 초보작가가 간과하기 쉬운 부분이다. 세상은 정말 다양하고, 작가는 독자를 고를 수 없다. 때문에 독자를 예상하면 안 된다. 설마, 이런 것까지 써야 할까 생각이 들면, 써야한다.

육하원칙/ 육하원칙을 기준으로 체크해 본적이 없다면, 한번은 점검해 봐야 한다. 누가, 무엇을, 언제, 어디서, 어떻게, 왜 중에서 당연한 것은 없다.

요리를 예를 들어 설명하면 쉬운데 계란말이를 하기 위해서 프라이팬을 달구면서 계란을 몇 개 가져다 달라고 부탁했다. 그런데 계란을 가져와서 덜컥 계란 후라이를 만들고 있다.

"계란말이를 할거니까 계란이 여러 개 필요하지, 계란후라이를 할거면 뭐하러 계란을 그렇게 많이 가져오라고 했겠어!"하면서 화를 내는 격이다. 특히나 우리의 무기는 오직 글 뿐이기에, 글로 모든 것을 설명해야 한다는 사실을 잊으면 안된다.

자신의 글을 다시 읽어보면서, 재료 준비부터, 재료 손질, 요리 과정을 모두 빼먹지 않고 잘 설명하고 있는지를 확인해야 한다.

문장의 길이와 구조/ 두 번째 문장의 길이가 너무 길거나, 구조가 복잡하지 않은가

글을 써본 경험이 많고 자신만의 문체가 확립된 사람은 길고 복잡한 문장도 써야 한다. 세상에 짧고 명료하고 경쾌한 문장만 있다면 그것도 심심할 것이다. 그러나 초보작가는 스스로 명확한 문장을 쓰는 습관이 되어 있어야 한다. 메시지, 전달력, 문장 구조 모든 것이 단순하다고, 책의 내용도 단순하지는 않다. 온라인 강의에서 만난 분들도 단순하게 쓰면 문제가 별로 없다. 퇴고도 쉽다. 문장이 길어지면 주어와 서술어가 맞지 않으면서 문법이 틀리는 일도 흔하다.

명료한가/ 명확하게, 명료한 메시지를 담았는지 확인하는 법은 소리내서 읽어보면 좋다. 문법이 틀린 부분을 잡아내기도 쉽고, 영영 끝나지 않는 긴 문장도 찾기 좋다. 책의 후반부로 갈수록 점점 독자들의 집중력도 짧아진다. 우리의 경쟁상대는 유튜브와 쇼핑처럼 자극적인 것들이다. 독자를 포기하지 않게 만드는 것도 가볍고 경쾌한 문장에 있다.

작가의 언어/ 나의 언어로 쓰고 있는지도 확인해야한다. 글은 사람을 움츠러들게 만든다. 하얀 백지가 원래 그런 면이 있다. 아무것도 없는 곳을 채워나가자니 두려워서, 소박한 마음을 숨기려고 언어가 거창해진다. 글은 지금까지 살아온 세상 중에서 가장 자유로운 곳이다. 참견하는 사람도 없고, 금기도 없다. 금기를 쓰고, 찌질한 마음을 드러낼수록 칭찬받는다. 독자로 책을 읽을 때는 작가의 솔직함에 반했으면서, 작가로 글을 쓰라니 읽었던 가장 재미없는 책을 흉내

28

내고 있는 것은 아닌지 돌아봐야 한다. 지금 우리가 쓰는 글은 하고 싶은 말은 시원하게 전달하지도 못하면서, 작가가 어떤 느낌의 사람인지는 민망할 정도로 잘 전달한다. 독자는 석연치 않은 글을 귀신같이 구별해 낸다.

스스로를 검열할 필요가 없다. 자연스러워야 작가의 위트, 매력, 철학이 향기가 되어 글에서 풍긴다. 다시 한번 말하지만, 지인들이 책은 사주겠지만, 읽지 않는다. 걱정말고 쓰자.

우리가 책을 쓰는 이유는 아름다운 영혼을 드러내고 싶어서인데, 책 안에서 만큼은 하고싶은 말도 다하고, 원했던 사람으로 존재해야 한다. 이렇게 자유로울 수 있는 곳은 세상 어디에도 없다.

글을 쓰면서 중간중간 자신의 글을 다시 읽어보는 것도 중요합니다.
며칠만 지나도 내가 이런 내용도 썼던가 할때가 있는데,
객관적으로 보면서, 보완하기도 하고, 습관도 파악하면서,
고쳐나가면 됩니다.
글 전체의 흐름도 점검해야 합니다.

1시간30분 / 몰아쓰기와 매일쓰기가 다르지 않을 것 같지만, 몰아쓰면, 매일 쓰는 것의 1.5배의 시간이 들어간다. 몰아쓰기에 실패하면 시간에 쫓기게 된다. 매일 쓰기가 어렵지만, 매일 쓰는 즐거움을 알아가자.

이제 쓸 수 있는 날은 보름정도 남았다. 앞으로 계획해 둔 목차대로 다 쓰고, 목차를 만들 때 미처 생각하지 못했던 부분도 끼워넣고, 원하는 분량만큼 써야한다. 퇴고를 하면서도 빼고 더하면서 계속 쓰지만, 목차로 계획한 부분은 45일 안에 다 써두어야 쫓기지 않는다. 물론 책을 만드는 것은 언제나 쫓기는 과정이다.

책을 쓰기 시작할때는 책 만들기 과정이 두려웠다. 글은 익숙하지만, 책을 편집하는 것이나, 표지를 디자인하는 것, 출판 플랫폼을 배워나가는 것이 어려울 줄 알았다. 그러나 한 달을 넘긴 지금 시점에서는 배워서 해결할 수 있는 문제는 노력으로 충분히 해결 가능하다는 사실을 깨달았을 것이다. 쓰는 것이 어렵고, 가장 어려운 것은 꾸준히 매일 쓰는 것이 어렵다. 글쓰기를 시작할 때 가슴이 두근거리고, 미래의 내 책을 상상하느라 첫날 몇 장을 쉽게 써낸 분들도 있었을 것이다. 2~3시간을 찰나처럼 몰입해서 쓰는 즐거움도 분명히 느꼈을 것이다. 그러나 '매일 성실하게 썼느냐'는 질문에 떳떳한 사람은 많지 않을 것이다. 앞으로 보름간 한 시간씩 쓴다면, 분량은 총 4,5000자로 충분한 시간이 남았다. 지금까지 쓴 분량이 부족하다면, 초고를 마무리하기 위해서 남은 시간동안 집중해야한다. 퇴고는 초고쓰는 일보다는 좀 더 즐겁고, 짬도 난다.

지금까지 꾸준히 책을 써 왔다면, 처음에 두렵기만 했던 책 한 권 분량을 차곡차곡 채원간다는 사실이 신기할 것이다. 하루종일 외출도 못하고 책만 써야 하는 줄 알았던 작가는 고작 하루에 한 시간씩 일하는 땡보직이었다. 이제는 글쓰기도 어느 정도 익숙해졌을 것이다. 이쯤되면, 매일 한 두시간 글쓰기도 충분히 책을 낼 수 있는 분량을 만든다는 사실을 이해했을 것이다. 그러자마자 딴 생각이 든다. 이제 좀 익숙해졌으니, 이번 주말에 하루종일 몰아쓰면 되겠다면서 요령을 피운다. 내가 그랬다. 몰아쓰기와 매일쓰기 무엇이 다를까?

매일 써야 하는 이유/ 이 책의 기준이 되는 단행본 한 권 분량인 10~15만자를 1시간에 3000자를 쓰는 속도로 몰아쓰면 총 50시간 정도면 쓸 수 있다. 다섯시간씩 매일 쓰면 열흘이면 책 한 권을 쓸 수 있다는 뜻이다. 이론적으로는 책 쓰기도 충분히 벼락치기가 가능하다. 그러면 왜 매일 써야 할까? 차라리 몰입해서 5~10시간 동안 집중해서 글을 쓰는 것이 더 나을 수도 있지 않을까, 첫 책을 쓸 때 가진 의문이었다.

물론 몰아쓰기도 충분히 필요하고, 효과적이지만, 매일 써야 하는 이유도 있다. 온라인 강의 참여자 분들도 충분한 분량을 써내는 것을 가장 어려워 한다. 그래서 고안해 낸 것이 '책린지'다. 매일 한 시간 짜리 동영상을 업로드하면, 영상을 틀어놓고 글을 쓰고 분량을 인증하는 방식이었다. 강제로 매일 글을 써보니 비로소 매일쓰기의 장점이 보였다. 매일 일정 시간 쓰다 보면 이미 정해진 목차대로 쓰는데도, 어떻게 써야할지 모르는 날이 온다. 정해진 시간을 채우려고, 아무말이나 쓰기를 반복했다. 그때 평소에 못했던 생각이 떠오르는 경험을 했다. 원래 가지고 있던 글감이 떨어질 때야 창의력이 나온다. 생각하던 방식을 벗어나서, 다른 방식으로 생각하게된다. 쓸 말이 있을 때만 쓰면, 한계를 넘지 못한다. 어떤 일이든 제한된 조건에서 창의성이 나오고 아이디어가 나온다.

매일 써야 다시 보인다/ 글쓰기를 쉬어가는 것은 첫 하루가 가장 어렵고, 자꾸 쉬다보면 글을 써야 한다는 압박감이 점차 기억속에 잊혀져간다. 매일 쓰는 것은 글을 쓰고 있다는 사실을 잊지 않게 해준다. 그래서 일상속에서 어떤 감정이나 생각이 들 때 흘려버리지 않고 글을 써야겠다는 생각도 더 자주하게 된다. 뇌의 구조가 상시 대기 상태로 변한다. 어디선가 본 좋은 문구, 문득 수다 떨다가 했던 좋은 말을 매일 글을 쓸 때는 글로 옮겨적는 빈도가 높아진다. 결과적으로는 일상 속에서 글감 뿐 아니라 좋은 표현을 얻는 과정이 되었다.

우리 뇌는 피로를 싫어하는 저장 장치라서, 적어두면 쉽게 잊는다. 메모하기 전에는 자꾸 생각나던 것이 메모를 하고나면 쉽게 잊혀진다. 초고쓰기도 마찬가지다. 직접 쓴 글이라 하더라도 며칠 지나고나면 신기하게도 처음 본 글처럼 기억이 나지 않는다. 며칠 지나고 읽어보면 보이지 않던 부분이 보인다. 객관적으로 볼 수 있게 되는 것이다. 몰아쓰기는 분명, 집중해서 명료한 이야기를 쓸 수 있는 장점은 있지만, 치우친 글쓰기가 될 수 있다.

글에 시간을 타야하는 이유/ 생각은 흘러가는 구름과 같다. 그 자리에 떠있는 것 같기도 하지만, 실체가 없고, 움직이지 않는 것 같지만 흘러간다. 작가는 이런 구름같은 생각을 잡아서 종이에 옮겨 놓는다. 생각이 진짜 구름 같은 점은, 같은 재료인데도 매일 그 형태가 달라진다는 점이다. 구름은 항상 물로 형태를 만들지만 매일 다르다. 생각도 반복되는 일상 속에서도 같은 날이 하나도 없다. 어떤 날은 명확하

기도 하고, 어떤 날은 안개처럼 내려와서 절대 잡히지 않기도 한다. 매일 쓰는 것은 그런 것이다. 똑같은 물로, 매일 다른 모양의 구름은 만드는 것처럼, 똑같은 일상을 재료로 매일 조금씩 달라진 작가가, 글로 옮기는 것이다. 글쓰기에 시간을 타야 하는 이유가 바로 그것이다.

DAY 35 작가란

⏰ 1시간30분 / 작가가 되어가는 중이라고 느끼고 있습니까? 어쩌면 책을 완성한 뒤보다. 지금의 과정이 더 중요한 순간일지도 모른다. 매일 쓰고, 매일 작가로 살아갈 수 있다.

<일당백>이라고 자주 보는 책리뷰 유튜브 채널이 있다. 고전과 꼭 읽어야 할 책들을 지루하지 않게 해설해 준다. 일당백에서 '작가의 가장 귀중한 자산은 불우한 어린시절이다.'라고 헤밍웨이가 한 말을 소개했다. 이 문구 때문에, 작가가 무엇인가 계속 고민하게 되었다. 처음에는 '사연이 많은 사람이 할 이야기가 많겠지.'로 이해했다. 시간이 지날수록 작가가 누구이며, 우리는 어떤 작가가 될 것인가의 문제로 확대되는 계기가 되었다.

생각이 작가를 만든다/ 어린아이의 불행은 스스로는 빠져나갈 수 없는 출구 없는 구렁텅이다. 현실적으로 불행을 탈출할 수 없는 아이는 생각속에서 원인과 대안, 해결법을 찾는다. 현실의 고통에서 벗어나기 위해서 현실적 가치를 뛰어넘는 다른 가치로 옮겨가기도 한다. 불행한 아이는 잔인한 현실에서 도피해 생각 속으로 탈출한다. 이 과정에서 이뤄지는 사고활동이 좋은 작가로 성장할 자산이 되어 준다.

우리가 불행한 어린시절이 없이 좋은 작가가 되는 방법이 있다면, 끊임없이 사고하는 것이다. 우리가 쓰는 주제에 대해서 생각할 수 있는 모든 방향으로 생각해보는 것이다. 작가에게는 끊임없이 사고하는 것이 무기가 된다. 많이 생각하고 많이 쓰고, 많이 고치는 것, 작가는 자신의 글 앞에서 성실해야만 떳떳한 글을 써 낼 수 있다.

작가를 떠올리라고 하면, 보통 세계문학을 쓴 사람이나, 천재적인 재능을 가진 사람을 떠올린다. 그런데, 천재라 불리는 사람들은 단명했다. 아직까지 살아 있는 것만으로도 우리가 천재적인 작가가 될 가능성은 희박해졌다. 그렇다면, 우리는 3류가 되기 위해서 글을 쓸까?

당연히 '아니오'다. <90일 작가 되기>를 통해서도 믿을 수 없는 계약에 성공한 분들도 계시고, 성공을 꿈꾸며 한 단계씩 앞으로 나가는 사람도 많다. 이렇게 말해도, 나는 아닐 것 같은 마음을 잘 안다. 사실 유명한 삼류도 있고, 무명의 일류도 있다. 나는 주목받지 못하는 무명의 일류 작가를 많이 만났다. 유명한 삼류도 많지는 않지만 만났다. 무엇이 우리를 일류로 만들까?

우리를 작가로 만드는 것/ 천재작가가 되기에는 태생적으로 힘들고, 자가출판으로 유명한 작가가 되기는 하늘에 별따기 만큼 어렵다. 다행이 일류, 삼류 작가로 만드는 것은 작가 자신이다.

긴 글을 쓰다 보면 어쩔 수 없이 작가는 스스로의 내면을 탐색할 수 밖에 없다. 내면에는 바빠서 덮어둔 감정, 두려움 때문에 열어보지 못하는 어떤 것, 아무에게도 보일 수 없는 쓸쓸함들이 뒤섞여 있다. 이것을 글로 정리하는 것이 책을 쓰는 것이고, 글은 결국 나에게로 가는 여정이다. 그래서 4기 <90일 작가 되기>의 부제는 '나에게로 가는 길'이다.

먼지를 뒤집어쓰지 않고, 청소를 할 수 없고, 적당히 덮어놓고 일류가 될 수 없다. 첫 책의 모든 순간 중 어렵지 않은 부분은 없는데, 심지어 필명과 본

26

명을 쓰는 사이에서도 고민했다. 이 모든 과정은 작가를 먼저 바꾼다. 그래서, 수많은 작가들이 무언가를 바라지 않고, 자신의 내면을 돌아보거나, 자신의 생을 기록하기 위해서 기다리는 독자가 없어도 글을 썼다. 글은 독자의 것이 되기 이전에 작가의 것이다.

누구나 책을 낼 수 있는 세상에 '작가란' 더 정의하기 어려운 단어가 되었다. '불우한 어린시절'이 없어서, 수없는 생각들로 훈련되지 않았더라도, 천재적이지 않더라도 충분히 좋은 작가가 될 수는 있다.

글앞에서 성실하고,

끊임없이 생각하고,

솔직하며,

모든 것의 이유를 찾아서,

모든 것에 반짝임을 더하는 사람

어떤 작가가 될 것인지에 대한 꿈을 꾸는 것은, 조금 더 원고 앞에 앉아있을 힘을 준다. 우리는 꿈을 글로 쓰는 사람이기 때문이다.

작가는 완성한 사람이다.

우리는 작가로 가는 길 앞에 있습니다. 작가를 꿈꾸는 이유는 모르는 길도 아는 현명함 때문이 아닐까요.
야속하게 작가는 완성한 사람이라고 끝맺었지만, 작가는 내면을 향한 여정을 떠난 모든이의 이름입니다.
좋은 작가님의 글을 기다리겠습니다.

DAY 36 작가의 독서

⏰ 1시간30분 / 독서는 작가의 중요한 자산이다. 문제는 생각에는 칸막이가 없어서 책을 쓰는 동안은 어떤 것이 내 생각인지 구별이 필요하다. 쓰고 있는 책과 정반대되거나, 평소에 읽지 않는 책에서 아이디어를 얻으면 좋다.

원고를 쓰는 중에 작가는 어떤 책을 읽어야 할까? 독서는 작가의 기초 체력이다. 원고를 쓰는 도중에 책을 읽거나, 안 읽는다고, 크게 글을 쓰는 수준이 달라지지는 않는다. 벼락치기에는 한계가 있는 법이다. 평생동안 훈련 되었다고 생각되는 말하기도 아나운서가 되거나 강사가 되어서, 말의 목적이 달라지면 처음부터 다시 훈련해야 한다. 쓰기 역시 훈련되어야 하지만, 쓰기의 체력이 되는 것은 독서다.

책을 쓰기 시작하면서, 독서인지, 자료조사인지 경계에 서서 쫓기는 독서를 하는 분들도 있고, 관련 분야의 지식을 다 흡수해 버릴 듯이 비슷한 분야의 책들을 읽는 분들도 많다. 기초체력은 그렇게 만들어지는 것이 아니고, 이 글을 읽을 때 독서는 이미 늦었다. 몸무게가 50kg인 사람이 한 달 만에 근육을 키워서 헤비급으로 갈 수는 없다.

어휘력을 채워주는 독서/ 글을 잘 안 쓰던 사람은 어휘와 표현력이 부족하고, 문제를 다각도로 묘사하는 훈련이 잘 안 되어 있다. 독서는 어휘와 표현력의 보물창고다. 책을 쓰는 중이라도 글을 읽으면 좋다. 사람에게는 어휘력이라는 큰 항아리가 있는데, 망각이라는 작은 틈이 있어서, 자주 쓰지 않으면 잊게 된다. 꾸준한 독서는 어휘력과 표현력에 끊임없이 물을 부어주는 원천이다. 다른 것은 몰라도 단어와 표현은 책을 많이 읽은 사람을 따라갈 수가 없다. 책을 쓰는 동안에 독서는 아이디어를 얻는데도 좋다. 단, 내가 쓰는 분야의 반대 지점에 있거나, 거리가 먼 장르의 독서를 추천한다.

사람이 가진 어휘력 항아리가 큰 힘을 가지는 때가 있는데, 바로 교정과 교열을 할 때다. 맞는 문장을 수없이 반복해서 읽었던 독자는 어색한 부분을 금방 찾아낸다. 독서의 힘은 퇴고에서 빛을 발한다.

정반대 되는 독서가 아이디어를 준다/ 쓰고 있는 책과 유사한 내용이나, 비슷한 장르의 책을 읽는 것은 추천하지 않는다. 첫 책을 쓴다는 것은 작가로서 언어를 만들어가고 있다는 뜻이다. 내가 어떤 작가인지 스스로도 모른다. 이때 유사한 장르의 책을 읽으면, 생각해낸 표현인지, 책에서 본 표현인지 모호해진다. 좋아하는 작가의 책을 읽으면, 나도 모르게 문체나 분위기를 따라하고 있기도 한다.

실용서를 쓰고 있다면, 소설이나 시를 읽으면 좋다. 인문학 서적이나 실용서의 변별력은 어쩌면 작가의 시각이나 표현에 있을지도 모른다. 과학을 문학적인 표현으로 묘사하는 과학자의 책은 누구나 사랑할 수 밖에 없다.

에세이나 문학을 쓰고 있다면, 과학도서나, 잡지 등을 보면서 사실에서 시작되는 상상을 만들어도 좋다. 평소에 안 읽던 분야를 읽는 것이 도움이 된다. 문학적 표현을 입은 논픽션, 과학의 상상력을 가진 픽션은 폭넓은 작가의 시각에서 나오기 때문이다.

DAY 37 명제만들기

⏰ 1시간30분 / 글은 많이 생각하고 열심히 쓰면 된다고 생각하지만, 글쓰기에도 많은 방법이 있다. 어떤 방법이든 시도해보고, 잘 맞는 방법을 적용하면 된다. 글이 풍부해진다는 뜻은 세상을 보는 눈의 깊이가 달라진다는 뜻이다.

첫 책을 쓸 때, 한 달쯤 지나고 나니 목차로 뽑아놓은 항목은 다 썼고, 목표량에는 겨우 반정도 도달했다. 구체적으로 썼다고 생각한 목차는 합쳐지고 빠지고 하다보니 구조 자체가 와르르 무너진 느낌마저 들었다. 더 쓸 말도 없고, 스스로 끊임없이 의심이 들었다. 과연 책을 완성할 수 있을까? 지금 이런 생각을 하고 있을 초보 작가님들이 목차와 내용을 보강하기 쉬운 글감 만드는 법을 소개하려고 한다.

책을 쓰면서 글감, 어휘력, 표현력의 부족을 절감했다. 글쓰기는 배운다기 보다는 몸으로 익혀가는 감각에 가깝다. 한 가지 사실을 쓰더라도 글 안에서의 논리적 구조나 스토리가 있어야 한다. 글감이 부족하다보니 다른 목차를 자꾸 침범해서, 목차가 합쳐지는 것이다. 글쓰기가 어려운 이유가 표현에 있다고 생각하기 쉽지만, 가장 어려운 것은 풍부한 사고를 통한 글감을 찾는 것이다. 표현은 매우 일차원적이고, 기초적인 묘사만으로도 얼마든지 채워나갈 수 있지만, 글감을 세분화하지 못하면, 쓸 말이 없는 사태를 맞는다.

명제 만들기/ 글감을 만드는 방법으로 사용하는 것 중 하나가 명제 만들기다. 명제는 참인지 거짓인지 분별하기 쉬운 짧은 문장이다. 명제를 만들면서 우리가 쓰는 소재에 대해서 이해가 깊어지게 된다. 네이버 프리미엄 채널 <여행작가 올레비엔의 90일 작가되기>를 운영하고 있다. 글을 쓰고 책을 만드는 주제의 채널이지만, 한 켠에 <불행 환전소>라고 카테고리를 만들어 두고, 쓰고 싶은 이야기를 습작 삼아 서 자유롭게 쓰고 있다. 횟수며, 장르며, 아무것도 정해져 있다. 읽는 사람도 소설인지 에세이인지 헷갈렸으면 하는 마음으로 맘대로 쓰는 습작이다.

취미생활을 공개하는 이유는 <불행환전소>가 글감을 확장하는 명제 만들기 예시로 훌륭하기 때문이다.

명제를 만들면서 소재 이해하기/ 어느 날 갑자기 '불행을 환전해서 돈으로 바꾼다면'이라는 아이디어가 생각이 났다. 에세이며 소설이며 어디에나 끼워 맞춰도 좋을 듯한 이 제목을 그냥 썩히기 아쉬워서 글로 만들기로 맘을 먹었다. 마음을 먹었을 뿐, 내용을 생각한 것이 아니라서 글을 시작하기 전에

'불행'이라는 단어가 가진 특성을 활용해서 명제를 먼저 잔뜩 만들어 두고 활용하기로 했다. 먼저 불행을 돈과 연결짓기 위해서, 산업적 측면을 명제로 만들었다.

단어의 특성으로 명제 만들기/
불행은 문학의 주요 소재이다.
tv뉴스나 드라마에도 불행은 넘쳐난다.
유명인들은 자신의 불행을 팔기도 한다.
유명인들은 불행을 팔아 금전으로 바꾼다.
불행을 파는 산업은 다양하다.

인과관계에 따라 명제 만들기/ 불행 환전소라는 단어에 주목해서, 명제를 만들어 본다. 불행이라는 단어 하나보다, 인과관계를 추론하기에 좋아진다.

불행 환전소로 생각을 확장해서 불행을 금전으

2 4

로 바꾼 사례를 생각해 보았다. '유명인들은 불행한 자신의 과거를 책으로 낸다.'는 사실을 찾아냈다. 집중해서 생각하다 보면 깊이 있고, 자신의 경험에서 나오는 명제를 적어 나갈 수가 있다. 그 과정에서 글감을 이해하고, 정의하고 확장할 수 있다. 이 명제들은 글을 쓸 때 키가 되는 문장으로 사용할 수 있다.

상징이나 비유를 이용해서 명제 만들기/
불행은 점점 불투명해지는 것이다.
불행은 예측 불가능하다.
행복의 모습은 같지만, 불행의 이유는 다 다르다.
                    -안나카레리나의 일부-

앞서서, 인과관계나 사고과정을 따라서 명제를 만들었다면, 단어를 상징하거나 비유할 수 있는 단순한 특성도 생각나는대로 메모하고, 관련된 명언도 적어두면 좋다. 상징이나 비유를 이용해서 명제를 만드는 것 외에도, 감각적 특성을 정의하는 것도 좋다.

글을 쓸 주제에 대한 명제로 메모장을 가득 채우고 나면 글을 쓸 재료가 풍부해진다. 소재에 대해서도 깊이 있는 생각과 상상까지도 더해진다. 명제 만들기도 키워드를 쓰는 것이나 다를바가 없을 수 있지만, 방법이 달라지면 내용이 달라지기도 한다.

명제를 만들기는 메모와 같이 매 순간 글의 주제에 대해서 생각하면서 정의하는 것인데, 명제를 만들어보면 생각보다 재미있다. 이미 사실인 명제에 상상을 더하는 것도 쉬워진다.

명제 만들기를 몇 번 해보고나면, 글에 상상이나 비유를 더하는 방법을 알게 됩니다. 이미 있는 특성이나 나만이 느끼는 직관적인 성질로 정의를 내려도 됩니다. 그냥 한번 해보시면 됩니다. 뜬금없는 명언만들기처럼 시작해보셔도 됩니다. 명제를 만들면서 오히려 깨달음을 얻게 될 것입니다.

⏰ 1시간30분 / 사고실험은 글감에 상상을 더하는 힘이다. 명제를 만들고 사고실험을 하면서 생각이 확장된다. 사고실험은 생각으로 하는 놀이처럼 받아들여서, 다양하게 활용하면 된다.

세상에는 똑똑한 사람이 너무 많다. 과학자, 의사, 변호사, 정치가, 예술가, 운동선수 등 자신의 분야에서 전문성을 인정받는 사람들 사이에 작가가 있다.

어렸을 때 세계 문학 전집을 읽으면서, 오래된 불륜 이야기 따위가 왜 세계문학인지, 이야기꾼일 뿐인 작가들이 왜 지식인으로 사랑받는지 이해할 수 없었다. 심지어 작가들은 어떤 분야의 전문가보다도 사랑받고, 최고의 지성으로 대우받는다. 큰 물고기를 잡으려다 실패한 노인의 이야기를 구구절절 써낸 헤밍웨이가 지성인이라는 것을 받아들이기 힘들었다. 지식이라는 밑천 없이 성공한 작가가, 연구에 일생을 바친 과학자나, 삶을 희생해가면서 고도로 훈련된 예술가 사이에서 최고의 지성인 대우를 받는데는 이유가 있다. 작가는 세상의 모든 이유를 시뮬레이션으로 보여주는 사람이다. 작가가 세상을 시뮬레이션 하는 방법은 생각이다. 이를 우리는 사고 실험이라고 하고, 글감을 만들 때 단순한 사고실험을 많이 하면 좋다.

사고실험이란/

생각으로 하는 실험이다.
전제와 조건을 만들고, 가정으로 결론을 예측하는 것

갈릴레이나 뉴턴 같은 과학자나 고대의 철학자들이 사고실험을 많이 했다. 유명한 사고실험으로는 '트롤리 딜레마'가 있다. 멈출 수 없는 기차의 선로를 바꿔서 한명을 살릴 것 인가? 다수를 살릴 것인가 같은 윤리 실험이다. 오랫동안 사람들은 직관과 사고력을 이용한 사고실험을 다양한 분야에서 해왔다. 작가에게는 '가지 않은 길'을 상상하는 것이 사고실험이

될 수 있다.

소설도 사고실험에서 시작한 시뮬레이션에 일종이라고도 볼 수 있다. 현실에서 일어나기 어려운 일을 가정하고, 어떻게 전개될 것인가를 타당성있게 시뮬레이션해보는 것이다.

도스트예프스키의 『죄와 벌』은 '정당한 사유라면, 필요 없는 사람에게 돈을 빼앗아 사용해도 되는가?'라는 가정에서 시작되었다. 그런데 왜 소설을 사고실험이라고 하지 않고, 소설이라고 할까. 사고실험은 실험의 요건을 갖추어서 타당하게 예측해야 한다. 『죄와 벌』에서 도스트예프스키는 주인공을 통해서 노파의 돈을 훔치면서 생기는 일을 가정하고, 사건을 만들고 한 개의 가능성있는 현실을 보여준 것이다. 글로 가상의 시뮬레이션을 했다는 것이 더 정확한 표현이다. 이러한 위대한 소설이 탄생할 수 있게 만든 전제도 아마 사고실험의 일부에서 시작되었을 것이다.

사고실험의 방법/ 글감을 찾을 때는 사고 실험을 이용하면 좋다. 먼저 글의 소재를 이해하는 명제를 더 이상 쪼갤 수 없을 때까지 많이 만든 다음에는 어떤 조건을 가정해서 결론을 예측해보면 된다

일반적 실험이 가설설정 - 실험설계 - 관찰, 기록 - 결과 분석 - 결론 이런 과정으로 이루어진다고 할 때, 이 과정을 생각으로 대체하는 것이 사고실험이다. 어떤 불가능한 문제라도 사고실험으로 가정해볼 수 있는 것이 장점이고, 상상력에 개연성을 더해주는 활동이라고 볼 수 있다.

'불행 환전소'를 사고실험의 틀에서 분석해보면,

전제: 불행은 경제적 가치를 지닌다.

가정: 불행을 환전하려면 환율이 필요하다.

시나리오: 불행을 종류별로 구분하고, 타당한 환율을 설계할 필요가 있다.

결론: 비 물질적인 것에 환율을 적용하려면 새로운 논리를 개발해야 한다.

이런 식으로 가정해보는 것이 사고실험이고, 문과의 사고실험은 논리적으로 문제가 있을 수 있지만, 이 과정에서 여러 가지 다른 문제나, 가정과 만나게 되면서, 글감을 확장 하는데 도움이 된다. 사고실험이라고 하기에 논리적 구조가 허술할 수 있지만 우리는 실험의 목적이 글감을 확장 하는데 목적이 있기 때문에 다양한 방식으로 사고를 확장하는 방법으로 쓰면 된다.

픽션은 당연하고, 논픽션에서도 다양하게 활용할 수 있다. 우리가 글로 표현하는 가치는 대부분 비물질적인 것들이 많아서, 실제로 구현해보기 어려운 것들이 많다. 현실에서는 당연히 『죄와 벌』에서처럼 살인을 해볼 수 없다. 그러나, 사고실험에서는 가능하다. 도스트예프스키는 '정당한 사유로 돈을 훔치더라도, 범죄는 정당화 할 수 없다'는 가설에서 시작하지 않았을까? 상상의 영역인 문학에서 사고실험은 유용하다.

사고실험이 상상과 다른점/ 에세이를 쓸 때도 적용된다. '내가 하지 않은 선택을 했더라면,'을 가정해 볼 수 있다. '다시 20살이 된다면,' 같은 가정이 있다. 상상이 아니고 사고실험을 해야 한다고 말하는 이유는 '다시 20살이 되면, 맘껏 놀고 공부도 열심히 할 거야'처럼 단순히 상상하기보다는 근거있는 가정과 예측이 필요하다는 뜻이다.

사고실험은 실험으로써의 제한된 조건을 가정한 이후에 실험 조건을 설정하게 된다.

'다시 20살이 되는 대신에, 기억은 간직할 경우

어떤 선택을 할 것인가?'

'기억을 가지고 20살이 되어보니, 공부 체질이 아닌 것을 이미 알고 있어서 포기가 빨랐다.' 가 결론이 될 수 있다.

사고실험은 개연성을 가진 상상을 재연해 보는 힘이다. 독자들도 작가의 사고과정을 쉽게 따라올 수 있는 논리를 만들 수 있고, 쉽게 설득할 수 있으며, 독자에게 간접경험이 된다.

1시간30분 / 완성할 수 있는 동력이 있다면, 어떤 것이라도 활용해야 한다.

책을 쓰는 전체 기간 동안 40일 전후가 가장 어려웠다. 항상 다 포기하고 싶고, 완성할 수 있을지 걱정이 된다. 이런 걱정은 포기가 고개를 들게 만든다. 이제 겨우 한 달이 지났을 뿐이다. 지나고 나면 쓰는 것이 가장 쉬웠다고 하게 되는 순간도 온다. 앞으로 원고만 마무리하는데 보름, 직접 편집과 디자인까지 한다면 한 달이 더 남았다.

지금까지의 일정이 조금씩 밀려서 어쩌면, 완성을 못 할지도 모르겠다는 생각이 든다면, 특단의 조치를 취할 때다.

책쓰기는 지극히 개인적인 활동이다. 그림 그리기나 노래 부르기처럼 함께 해서 능률이 더 높아지는 활동이 아니다. 그런데도 조력이 필요하다. 계속 움직이게 할 원동력이 되줄 힘, 책임감과 사회적 약속이 필요하다. 사람들은 나에게 관심이 없지만, 나를 지켜보는 눈이 있다고 느끼는 것만으로도 스스로 설정한 마감을 지킬 힘이 된다.

자녀가 있다면, 자녀들과 함께 언제까지 책을 완성해서 같이 보자고 약속을 하는 것이 좋다. 아이들에게 본보기가 되어야 한다는 압박감은 좋은 동기부여가 된다. 부모의 책임감을 이용하자.

미혼이라면, 얄미운 친구에게 책을 쓰고 있다고 자랑하면 좋다. 얄미운 친구는 괜히 얄미운 것이 아니다. 나의 약점을 귀신같이 찾아들어 공격할 기회를 찾기 때문이다. 빌미를 주지 않기 위해서라도 책을 쓸 수 밖에 없다.

혼자 쓰는 것, 완성품으로 만드는 것은 보통 의지로는 쉽지 않다. 매일 조금씩 시간을 내서 일정시간 글을 쓴다는 행위 자체가 어렵다. 야속하게도 일할 때는 자주 없었던 휴일이 책을 쓰는 기간에는 자주 찾아온다. 겨우 한 달 책쓰기를 시작했을 뿐인데 명절이 되고, 주말도 금방금방 돌아온다. 연휴 3일 글쓰기를 멈췄을 뿐인데, 다시 열어본 초고는 무슨 말을 하고 있었던 것인지, 정말 내가 쓰던 글인지 낯설기까지 하다. 흐름이 끊기면 다시 시작하는데 몇 배의 시간이 걸리는 것이 책쓰기 습관이다.

스스로를 의심하는 것은 작가의 기본 자질로 중요하기 때문에 스스로를 믿지 말고, 책을 쓸 계획을 사방에 공표해야 한다. 책쓰기는 작심삼일이 계속되는 다이어트나 금연과 비슷하다. 동네방네 소문을 내야 성공률이 높아진다.

책은 완성하지 않을 수 없는 상황으로 자신을 내몰아야 한다. 지금부터 소문내도 충분하다. 책을 완성하기도 전에 책이 언제 나오냐는 질문을 받게 될 것이다.

어떤 방식이라도 책을 완성하는데 동력을 얻을 수 있다면, 도움을 받아야 합니다. 민감한 사이의 친구에게 소문내시는 것이 효과가 좋습니다.

DAY 40 심사를 통과해야할까

⏰ 1시간30분 / 자가출판은 통과해야 할 심사도 없고, 완성을 도와줄 조력자도 없다. 자유에는 언제나 책임이 따르듯이 책의 모든 내용과 모양은 자가출판 작가의 책임이 된다.

남은 시간은 줄어들고, 쓰고는 있지만 부족한 부분도 많고, 걱정이 늘어난다. 물론 모든 작가들이 그런 것은 아니다. 시간이 갈수록 확신을 얻는 분들도 있다. 그러나, 오늘은 포기하고 싶은 사람들을 위한 이야기다.

출판의 미래에 대해서 여러번 이야기 했지만, 책을 읽는 사람은 계속 줄어들지만, 책을 쓰고 싶은 사람은 늘어나고 있다. POD 출판 플랫폼은 책을 쓸 자유를 줬다. 비용도 필요없이. 에디터의 선택을 받지 않아도 누구나 책을 출간 할 수 있다.

심사에 통과해야 하나요?/ 항상 이때쯤 받는 질문이 있다. '심사에서 탈락하면 책으로 내지 못하나요?' 누군가 우리를 검수해서 자격을 줄 것이라는 생각, 그렇게 쉽게 작가가 될 리가 없다는 의심, 과연 완성할 수 있을까 의문이 꾸물꾸물 올라온다.

자가출판은 비용도 허가도 자격도 필요 없다. 글이 원래 그런 것이듯, 모두에게 열려있다. POD 출판 플랫폼은 출판시장에서 거의 유일하게 성장하고 있고, 알려지는 중이다. 전자책을 무료로 낼 수 있다는 사실을 아는 사람은 많지만, 종이책도 비용 없이 낼 수 있다는 사실은 아직도 모르는 사람이 많다. 책쓰기는 앞으로 꾸준히 사랑받을 것이다. 경력을 시작하는 사람의 전문성으로, 노년의 여가생활로, 학생들의 결과물로 꾸준히 작가들을 배출할 것이다.

지금 책을 완성하지 못하면, 연말쯤에는 지인이 책을 건네면서 작가가 되었다고 인사를 할 것이고, 작가가 된 지인들이 한둘 늘어날 때 후회해도 늦는

다. 가장 먼저 책을 내밀면서 작가가 되었다고 할 수 있는 기회다. 다행인 점은 다른 사람이 작가가 되는 길도, 우리처럼 인내의 시간을 이겨야내야 한다는 점이다.

맞춤법 검사는 해주겠죠?/ 반대 질문도 받는다. '책을 완성하고 나면, 부크크에서 검수해주나요?' 몰라서 하는 질문이지만, 누군가 맞춤법 정도는 교정해줄 것이라는 막연한 기대섞인 질문도 받는다. 설마 이렇게 오탈자가 많은데, 그대로 책을 내게 해주지는 않겠지 하는 마음인데, 자가 출판작가는 출판인이면서, 작가이고, 디자이너이고, 편집자이다. 모든 것의 책임은 작가에게 있다. 오탈자는 발견할 때마다 뜨끔하게 상처를 낸다. 자가출판은 그런 점에서 자유롭고 무겁다.

나도 첫 책의 원고를 쓰면서, 머리로는 알고 있으면서도, 누군가에게 이런 질문을 던지고 싶었다.

'진짜 이렇게 하는 것이 맞나요?'

지금은 첫 책을 쓰고있는 당신의 두려운 마음에 답합니다.

"분량이 적어도,
완벽하지 않아도,
완성할 수 있습니다.
완성은 시간과 끈기로 만드는 것입니다."

1시간30분 / 글쓰기 역시 다른 예술의 영역처럼 철저하게 훈련의 영역이다. 끊임없이 생각하고, 끊임없이 읽고, 끊임없이 쓰는 것 외에는 답이 없다.

글쓰기가 훈련인 이유/ 글을 잘 쓴다는 것은 조금 이상한 점이 있다. 어느날 갑자기 전문 피아니스트처럼 피아노를 잘 치려고 하거나, 올림픽에 나온 운동선수를 이기려는 사람은 없다. 그런데, 신기하게도 첫 책 한 권으로 베스트셀러가 되고 싶은 사람은 많고, 유명 작가처럼 잘 쓰고 싶은 사람도 많다.

음악가나 화가는 어릴 때부터 평생을 한 분야를 위해 훈련을 해왔는데도, 능력을 인정받기 위해서는 수많은 시간을 더 희생해야 한다. 글쓰기도 결국 훈련이고 완성도 있는 깊이를 보여주기 위해서는 그만큼의 훈련이 필요하다. 작가가 예술가로 인정받는 이유도, 훈련의 시간이 바탕이 되었기 때문이다.

화가가 한가지 풍경을 수백 장 그리는 것처럼 글로도 수많은 표현을 이용해서, 묘사와 비유로 세상을 자유자재로 그릴 수 있으려면, 꾸준한 시간을 글을 써야 한다. 수많은 습작을 그려내지 않고서는 화가가 될 수 없듯이 끝없이 시간을 투자해야 한다. 글쓰기 역시 언어의 예술이며, 훈련의 영역이다. 예술은 인생을 갈아 넣어서 빛을 만드는 것이다.

인생을 갈아넣는 또 다른 방법/ 글을 잘 쓸 수 있는 수많은 방법이 있지만, 중요한 것은 재능을 뛰어넘는 훈련이다. 글쓰기 역시 재능, 경험, 훈련이 모두 필요하다.

그런데, 왜? 사람들은 훈련 없이 어느날 갑자기 글을 잘 쓰기를 꿈꾸는 것일까? 그냥 잘 쓰는 사람이 있기는 있다. 그들은 우리와 다른 어떤 비법을 가진 것일까?

사실 글쓰기, 말하기 같은 언어 구사 능력은 평생 연습해 온 것이나 다름 없어서, 오늘 글쓰기를 시작했는데, 오늘부터 천재적으로 잘 쓰는 사람이 간혹 있다. 그들의 비밀은 풍부한 인생 경험이다. 경험이 많은 사람은 아무 말이나 해도 이치에 다 맞고, 사람들의 마음도 잘 읽어서 듣고 싶은 말을 해준다. 인생의 풍파와 깊은 어려움을 넘어온 사람이 남의 마음도 잘 알고, 내 마음도 잘 읽을 수 있어서 맞는 말을 적절한 타이밍에 꺼내 놓는다. 인생의 고통을 많이 겪은 사람은 세련되지 않아도 경험만큼 깊이를 써낼 수 있다.

훈련은 나의 세상을 바꾼다/ 인생의 경험이 많다는 것, 어려움을 많이 겪었다는 것은 인생을 갈아넣는 또 다른 글쓰기의 방법이다. 인생을 갈아 넣는 것은 원한다고 할 수 있는 일은 아니다. 쉽고 확실한 방법은 많이 읽고 쓰는 것이다. 다행인 점은 글쓰기 훈련은 내면에서 일어나는 사고훈련이라서, 작가의 내면을 바꾼다. 운동을 하면 몸매가 아름다워지는 것처럼 예술가의 눈으로 세상을 보면 두배는 더 알록달록해진다.

훈련을 통해서 세상을 더 자세히 들여다보는 사람이 작가이고, 세상은 자세히 볼수록 더 아름다워진다. 글쓰기에는 정답이 없다. 정답인 작가도 없다. 글은 누가 가르쳐 줄 수도 없고, 대신해 줄 수도 없다. 나만의 세상을 창조하는데, 누구의 도움을 받을 수 있을까? 내가 만든 세상에서 의미 있는 경험과 생각을 독자와 나누고 공명할 수 있는 것, 그것이 글쓰기이다.

　초고쓰는 방법에 대해서 여러가지를 이야기 했지만, 모든 예술의 장르가 그러하듯이 글쓰기도 훈련이다. 음악가와 미술가는 어릴 때부터 피나는 연습을 지독하게 이어간다. 그런데 글쓰기만은 훈련이 아니고 재능의 영역이라고 생각하는 것은 착각이다. 글쓰기 역시 수많은 훈련의 결과이다. 훈련의 결과로 더 많은 어휘, 좋은 문장, 의미깊은 상징 등을 이해하게 되는 것이다. 쓰지 않는 사람은 아무리 재능이 있더라도 자신의 글을 원하는 방향과 풍부한 표현으로 이끄는 것에 실패하기 쉽다. 우리는 아무리 재능이 없어도 모두 의사소통에 성공하면서 살고 있다. 때문에, 평생을 살아오며 훈련된 우리의 언어적 감각을 글로 옮기는 훈련이 충분하기만 하다면, 누구나 진정한 작가로, 자신의 글을 의도대로, 의미 있게 풀어낼 수 있을 것이다.

DAY 42 솔직하게 쓰는 법

🕐 1시간30분 / 솔직한 글을 쓰는 것은 가장 중요한 것이면서, 가장 어려운 것이다. 솔직함이 없다면 글을 쓸 이유도 없다. 언제나 스스로를 경계해야 한다.

책 만들기에서 가장 어려운 점이 무엇인가를 꼽는다면, 1순위는 꾸준히 쓰는 것이다. 잘 쓰고 못 쓰고의 문제가 아니라 시간을 내서 매일 쓰는 것이 가장 어렵다. 다음으로 어려운 것이 무엇이냐고 묻는다면, 영원히 해결될 것 같지 않은 이 문제다. 글쓰기에서 가장 경계해야 하면서 알아차리기 어려운 문제다.

글을 매력적이게 만드는 강력한 힘/ 솔직하게 쓰는 것이다. 앞서 '어디까지 써야 할까'를 기억한다면, 초고를 쓸때 자기 검열 없이 모든 것을 쓰는 것을 원칙으로 하라고 제안했다. 어디까지를 쓸 것인지를 고민하는 것과 솔직하게 글쓰기는 다른 말이다. 글쓰기에서 궁극의 기술이 있다면, 솔직한 글쓰기이다. 글을 쓸 때, 단어나 표현, 묘사나 비유에는 많은 사람들이 신경쓰지만, 솔직하게 쓰는 것은 별로 신경쓰지 않는다. 별다른 기술이 없는 글이 깊은 울림을 주는 힘은 솔직함에 있고, 솔직함은 글솜씨로 포장을 하든, 포장하지 못하든 글이 가진 강력한 힘을 발휘한다.

무엇이 솔직한 것일까/ 솔직하게 쓰는 글이 왜 어려운지 이해하지 못 할 수도 있지만, 솔직하게 쓰는 것이 어려운점은 알아차리기 어렵기 때문이다.

좋은 글을 쓰고 싶은 작가의 적은 자기 자신이고, 작가는 스스로를 속이는 글을 쓰는 줄도 모르고 쓴다. 작가는 자신의 내면의 장막을 걷고 들어가 진짜 마음의 소리를 들어야 한다. 우리는 거울을 볼 때도, 과거의 아름다웠던 나를 보는 자기 기만에 익숙

한 존재다. 글을 쓸 때 역시 내가 하고 싶은 말 보다는 들려주고 싶은 말, 해야되는 적절한 말을 쓴다.

우리는 일상적으로 스스로를 속인다. 아이들은 넘어졌을 때 아프지 않아도 일단 울고, 아프지 않으면 그친다. 감정을 드러내기 싫은 사람은 약점을 들키면 화를 낸다. 글은 화가 난 사람이 정말 화가 난 것인지, 부끄러운 것인지를 분별하는 과정이다. 우리는 글을 쓸 때, 무심하게도 화를 낸 것만 쓴다. 가끔은 화가 난 이유를 잘 모르는 것 같기도 하고, 설명하기 어려울 때도 있다. 이때 분별있게 진짜 이유를 찾아내거나, 부끄럽지만 솔직할 수 있다면 충분히 좋은 글을 쓰고 있는 것이다.

필요한 말 말고, 해야 할 말/ 고백하기 싫은 내용을 쓸 것인지를 결정하는 문제가 '어디까지 쓸 것인가'라는 고민이라면, 스스로를 속이고 필요한 이야기를 적당히 쓰고 있는지를 항상 경계해야 하는 것이 솔직하게 쓰기다. 솔직하게 쓰는 것이 어려운 이유는 속이려고 속이는 것이 아니고, 세상의 기준에 맞춰 생각하고 행동하다보니, 생각과 말이 정형화되었기 때문이다. 우리는 상황에 맞는 외국어 회화집처럼 적절한 말을 꺼내 맞춰 쓰려고 한다. 그것이 쉽고, 편하기 때문이다.

진주 여행 중에 아주 어린 새끼 고양이를 주운 적이 있다. 그 이야기를 여행기로 썼다.

'여행자라 어쩔 수 없이 새끼 고양이를 유기동물 보호소로 인계했다. 여행자로 할 수 있는 최선이었

1 9

다.' 라고 썼다. 다 쓰고 보니 진짜 내 마음은 고양이를 구한 것이 아니고, 고양이가 눈앞에서 죽지 않게 조치를 취한 것이었고, 남겨두고 왔다는 찜찜한 마음을 남기지 않기 위한 일이었다. 그것이 진짜 마음인 것을 글을 쓰지 않았다면 돌아보지 않았을 테지만, 글을 쓸 때는 스스로에게 듣기 좋은 말로 속이지 않는지를 한번 더 들여다 봐야 한다.

글을 쓰지 않는다면, 자신을 이렇게까지 가혹하게 들여다 보지 않아도 된다. 자신을 안다는 것은 항상 유쾌한 일만은 아니다. 그러나 글쓰는 행위가 작가를 바꾸는 힘은 솔직함에 있고, 솔직함은 독자에게도 질문을 던진다. 그것이 없다면, 우리는 왜 글을 써야 하고, 읽어야 할까.

솔직한 글을 쓰는 것도 어렵지만, 이 내용을 설명하기도 어렵습니다. 솔직한 글을 쓰는 것은 좋은 글을 위한 것이기도 하지만, 작가를 위한 것에 가깝습니다. 글쓰기가 내면을 바꾸는 힘이 자신을 들여다 보는데 있기 때문입니다. 글쓰기에서 영원히 풀리지 않는 숙제 같은 것이지만, 이런 과정을 거쳐 작가가 됩니다.

DAY 43 AI는 경쟁자가 아니고 협력자

⏰ 1시간30분 / AI를 잘 활용하면 글의 체계를 잡아가기 쉽고, 자료를 정리하기에도 좋다. 잘 활용해서, 시간도 줄이고, 글의 정확한 논거도 마련하는 기초자료로 삼으면 좋다.

요즘 화제가 되는 기술은 단연 'AI'다. 글쓰기에서도 인공지능이 많이 활용되고 있다. Chat GPT는 이미 수만 편의 소설과 시를 써냈을 것이다. 글쓰기에만 특화된 AI 서비스도 이미 다양하게 출시되어 있다. AI를 이용한 책쓰기 강의나 책들도 이미 많다. AI가 쓴 글이나 그림이 공모전에 입상했다는 기사도 있었다. 가장 논쟁적인 부분은 AI를 이용해 쓴 저작물을 누가 쓴 글로 볼 것이냐는 문제다. 아직은 논쟁도 많고 법적으로도 완성되지 않았으나, 우리가 AI를 어떻게 활용할 것인가는 생각해 봐야 한다.

실제 AI로 창작물을 만들어보면, 정교하고 길게 만들기 어렵고, 그만큼의 수고가 들어간다. AI가 만드는 이야기는 정교한 전제조건을 제시하더라도 그대로 쓰기 힘든 경우가 많다. AI를 활용하기에 따라서 다르다고는 하지만, 주의할 것은 AI는 이미 있는 데이터를 기반으로 학습했다는 사실이다. AI가 내놓는 답변들도 검색을 기반으로 종합했다고 보면 어느 정도는 맞다. AI는 책을 쓸 때 자료를 종합하거나, 필요한 통계 등을 활용할 때 획기적으로 시간을 줄여준다. 높은 수준은 아니지만, 창작도 해주고, 창작물을 사용해도 된다. 아직까지는 저작권 문제에서도 자유로운 편이다.

AI가 만들어준 작가/ 우리는 AI를 못 본척해야 할까? 적극적으로 활용해서 하루만에 책을 완성해야 할까? 책쓰기에서도 AI를 활용하려는 움직임이 많다.

AI의 미래를 누구도 단언할 수 없지만, 작가라는

직업을 없애버릴 경쟁자 이거나, 작가의 숙제를 대신해 줄 수도 없다.(기사 같은 사실적 글쓰기는 아직도 가능하다. 상상이라는 작가의 영역을 대채할 수 있을지는 모르겠다.)

현실적으로 Chat GPT를 이용해서 하루만에 책을 내는 것이 지금은 가능하다. Chat GPT 작가를 대신해서 분량을 충분히 만들어 줄 수 있기 때문이다. 60일이나 걸려서 힘들게 매일 글을 쓰고 있는 사람에게는 힘 빠지는 일 일지도 모른다. 이전에 설명했듯이 작가는 심사를 받거나 허가가 필요한 일이 아니다. 하루만에 책등록을 위해서 인공지능으로 책을 쓴다면, 자격을 따는 행위에 지나지 않는다.

오히려 선명해진 작가라는 이름/ 작가가 되는 것이 꿈이었던 이유를 생각하면 답이 나온다. AI를 이용해서 하루만에 책을 내는 작가가 꿈이었던 사람은 없다. 책을 읽으면서 가슴 뛰게 만들던 글의 힘, 글로 선과 악, 정의와 불의를 가늠하는 깊은 혜안, 글로 가장 재미있는 세상을 만드는 것을 보면서, 우리도 언젠가는 글로 나만의 세상을 창조하겠다는 꿈을 꿨다. AI는 나를 편하게 해줄 수 있고, 작가라는 이름을 줄 수는 있지만, 작가로 만들어 줄 수 없다는 것을 생각하면 답은 어렵지 않다.

그리고, 쓰고 싶어하는 욕망, 그것은 세상의 어떤 기술로도 막을 수 없다. AI 덕분에 오히려 인간적인 글쓰기의 과정, 작가가 되는 것은 무엇인가라는 문제가 오히려 선명해졌다.

AI 활용하기/ 다만 AI를 적극적으로 활용해서 완성도를 높일 수있다. 자료조사, 아이디어, 목차만들기, 그림 등에 이용할 수 있는데, 이는 일반적인 AI활용법과 다르지 않다. 목차를 쓸 때 활용하는 분들도 많은데, '책쓰기의 과정을 10단계로 설명해줘' 같이 활용하면 된다. 아직은 AI의 답변이 완벽하지 않아서 교차 검증이 필요하다는 점에서 자료조사 할 때 주로 사용하고 있고, 활용 가능한 선에서 적극적으로 이용하면 된다.

그림 그려주는 AI/ 특히 책에 들어갈 그림의 경우 활용도가 높다. 무료 사이트에서 찾은 이미지가 한정적 일때 AI를 활용해서 책의 표지나 내지에 들어갈 이미지를 만들 수 있다. 일러스트를 사용하고 싶은데 비용이 문제였던 자가출판 작가들에게 유용하다. 같은 그림을 다른 사람에게도 생성해줄 가능성이 있다. 저작권 문제는 아직까지 자유롭다고는 하지만, 시시각각 정책이 변할 가능성이 있으므로 책에 삽입 전에 반드시 확인해야 한다.

그림을 그려주는 AI로는 아래 두 사이트가 대표적이다.

미드저니 Midjourney www.midjourney.com

달리2 DALL·E 2 openai.com〉dall-e-2

이 외에도 수많은 사이트가 있으므로, 편리한 곳으로 골라서 사용하면 된다.

1시간30분 / 책은 새로운 지식을 위한 참고서라기 보다는 공감할 수 있는 매체다. 새로운 것은 생각보다 많지 않다. 특별한 이야기를 쓰려는 노력보다는 진솔하게 담자.

이미 고대부터 수많은 책이 있어 왔는데, 지금 쓰고 있는 이 문장을 나만 썼을까 궁금해질 때가 있다. 새로운 것을 알기 위해서 책을 본다고 생각하는데, 생각보다 많은 경우에 이미 아는 것을 확인하려고 책을 본다.

듣고 싶은 말을 해주는 책/ 아는 맛이 무섭다는 요즘 말이 있는데, 공감은 '그래 맞아'도 되지만, '나도 이거 알아'일 때도 있다. 이미 아는 맛이 더 먹고 싶은 것처럼, 알아들을 때 감정적 동요가 생긴다. 요즘 유행하는 심리학, 힐링서적이 대표적이다. 필요한 책이라서 구입했는데, 책 안에 새로운 지식이나 모르는 내용은 없다. 듣고 싶은 말을 해주는 책이 필요할 때도 있다.

글쓰기는 안개가 자욱한 산을 처음 올라가는 것과 같은데, 인생도 그렇다. 길이 어딘지도 모르고, 정상이 얼마만큼 남았는지도 모르는 그런 답답한 여정이다. 내려오는 사람에게 올라가는 사람이 묻는다.

"얼마나 남았어요?"

"다 왔어요. 조금만 더 올라가면 됩니다."

내려오는 사람은 항상 이렇게 올라가는 사람을 속인다. 듣고 싶은 말을 해주는 것이다.

인생이라는 산의 정상은 한번 뿐이다. 누군가 '잘했어, 맞게 잘 가고 있어'라고 해주기라도 한다면, 다시 오를 힘을 얻는다. 작가는 이런 응원의 말을 해주는 사람이다. 따뜻해지는 마음이 담긴 말로, 잘 가고 있는 이유를 논리적으로 설명해 주는 사람이다.

다시 내려가지 말라고 설득하고, 고통스럽지만 정상을 향해 올라가 볼 만 하다고 설득하는 사람이다. 힐링 서적들 덕분에 우리는 오늘도 일상을 다시 살아갈 용기를 얻고 일상적인 고통 속으로 기꺼이 돌아간다.

아는 맛, 사랑 노래/ 글은 고통스럽지만 정상에 올라갈 이유를 찾아주는 것이다. 설득의 논리와 증거를 찾아내는 과정이다. 글을 쓰는 과정에서 작가의 내면이 가장 먼저 바뀌는 이유도 바로, 설득에 있다. 먼저 자신을 설득해야 하기 때문이다. 독자는 아는 것을 확인하려고 책을 보고 작가는 남이 이미 쓴 것 같은 이야기를 다른 목소리로 수없이 다시 쓴다. 아무도 쓰지 않은 이야기를 최초로 쓰기에는 인류의 역사가 너무 길다. 설득의 논리 구조와 증거, 목소리에서 얼마든지 나만의 목소리를 낼 수 있다.

글을 쓰다보면, 어딘가 누군가 했던 말을 내가 다시 쓸 필요가 있을까 생각이 들 때가 있다. 아무도 하지 않은 이야기를 하기에는 이미 몇천 년쯤 늦었다. 책은 아는 맛으로 구성된 사랑 노래다. 같은 레파토리라도 듣고 또 들어도 항상 설레게 만든다.

1
7

⏰ 1시간 30분 / 실용서를 쓰다 보면, 글의 논지에 대해서 고민하는 순간이 찾아온다. 독자가 듣고 싶은 말이 필요한 말인지 생각해 봐야 한다.

듣고 싶은 말을 써야 할까, 하고 싶은 말을 써야 할까? 둘 다 타당해 보이지만, 유명 작가라면 하고싶은 말의 비중이 더 높을 것 같고, 약자인 초보 작가는 듣고 싶은 말을 쓰는 게 맞을 것 같은 생각이 든다. 팔리는 책을 만들려면 듣고 싶은 말을 써야 할 것 같고, 경력에 한 줄 쓰려면 하고 싶은 말을 다 하면 안 될 것 같기도 하다. 과연 작가는 듣고 싶은 말을 써야 할까? 하고 싶은 말을 써야 할까?

여행작가는 이 문제가 더 고민스럽다. 사람들은 무명작가의 여행은 관심이 없고, 듣고 싶은 말로 채운 여행기는 인스타그램 맛집 정보와 다를 바가 없다. 심리학이나 힐링에 관한 책은 하고 싶은 말을 곧이곧대로 했다가는 오히려 상처가 될지 모르고 독자들도 듣고 싶은 말을 듣고 싶어서 책을 산다.

듣고 싶은 말을 해줘도, 듣지 않는다/ 동생이 첫 차를 살 때 일이다. 차를 사고 싶은 동생은 차를 사기에는 가진 돈이 **빠듯**했고, 차도 안 사면 사는 재미가 없었다. 현실적으로는 차를 안 사는 게 맞는데, 사고 싶으니 가족, 친구 가리지 않고, 전화를 받는 사람을 붙잡고 끝없이 차에 대해 이야기를 했다. 명목은 조언을 구하는 것이었는데, 원하는 답은 '차를 사도 괜찮아.'였다. 동생 성격이 보통이 아니어서 누구 하나 조금 더 있다가 사라고 조언하는 사람이 없었다. 나는 반년 정도 기다렸다가, 다른 모델로 사라고 조언했다. 당장 사고 싶은데 원치 않는 대답을 하자, 화가 난 동생은 거칠게 전화를 끊고 다시 묻지 않았다. 그렇게 2주 정도 가족들을 괴롭힌 끝에 차를 샀다.

독자는 내 동생과 같다. 듣고 싶은 말이 있어서 책을 펼치면, 책 안에 선택지가 다양하게 주어진다. 선택은 독자의 몫이다. 작가는 설득할 뿐이다. 듣고 싶은 말만 해주는 작가라면 작가들의 메세지는 다 똑같아질 것이다.

독자는 듣고 싶은 말이 있을 때도 있고 없을 때도 있지만, 공통적인 점은 무언가 얻기를 바란다는 점이다. 미처 알지 못한 것, 유용한 선택을 도와주기를 바라는데, 내 동생처럼 자기 마음대로 한다. 독자는 조언은 바라지만, 차는 사고 싶은 사람이고, 작가는 조언은 해주지만, 선택을 대신 해주지는 않는 사람이다.

듣고 싶은 말을 모를 때도 있다/ 여행작가는 독자가 듣고 싶어 하는 말만 써서는 여행기 자체가 존재할 수 없다. 가끔 독자는 미지의 세계를 찾아서 책을 편다. 여행작가는 미지의 세계를 보여주는 사람이다. 이때는 독자는 듣고 싶은 말이 무엇인지 모르고, 당연히 작가는 하고 싶은 말을 쓰는 사람이 된다.

초보 작가는 언제나 '을'이기 때문에 독자를 상정하고 글을 쓰다 보면, 독자가 원하는 답을 주려고 하는 경향이 있다. 그래야 팔리지 않을까 하는 희망 때문이다. 사실 책을 파는 것은 유명 작가도, 대규모 출판사도 어려운 일이다. 우리는 기다리는 독자가 없으니 자신 있게 하고 싶은 말을 해보는 것은 어떨까? 운이 좋아서 유명작가라도 되면 그때는 다시 소심해질지도 모른다. 지금이 할 말을 할 최적의 기회다.

DAY 46 맺음말 쓰기

30분 소요 / 맺음말에서는 책쓰기의 무거움을 내려놓고, 독자에게 전하는 말을 자유롭게 쓰면 된다. 책에서 작가의 가장 직접적인 목소리를 낼 수 있는 부분이다.

맺음말을 쓸 날이 왔다. 45일간의 초고 쓰기 여정이 끝났다. 아직 원고가 끝나지 않았거나 정리되지 않았더라도, 오늘 맺음말을 써두면 좋겠다. 책은 완벽할 수 없고, 일정을 미루기 시작하면 걷잡을 수 없다. 앞으로 퇴고를 시작하면서, 더 쓰기도 하고, 빼기도 하는데, 결국은 퇴고 역시 쓰는 시간의 일부라 할 수 있다. 초고를 쓰는 일정처럼 분량에 쫓기지 않으면서, 충분히 더 추가해도 된다.

맺음말은 머리말과 함께 책에서 작가의 직접적인 목소리를 담는 곳이고, 머리말보다 더 자유롭다고 할 수 있다. 머리말에서는 모르는 사람에게 책의 의도와 내용을 이해하기 쉽도록 최대한 설명했다면, 맺음말을 읽는 독자는 이제 같은 스토리를 공유한 동료다. 책의 내용에 따라 달라지겠지만, 책을 쓰면서 겪은 어려움에서 부터, 독자를 위한 조언, 개인적 감상까지 어떤 내용을 써도 어색하지 않다. 형식이나 길이도 모두 자유롭다. 작가는 기본적으로 하고 싶은 말이 많은 사람이므로, 맺음말에서 책으로 하고 싶은 이야기를 다 풀어 놓아도 좋다.

맺음말은 책에서 가장 자유로운 작가의 발언대 역할을 하지만, 잘 쓴 맺음말은 독자를 팬으로 만든다. 책을 덮었을 때 기억나는 가장 마지막 메세지가 맺음말이다. 인간적인 작가의 매력일 수도 있고, 독자의 미래를 염려하는 당부일 수도 있다. 책을 쓰는 데 도움을 준 누군가를 위한 감사 인사일지도 모른다.

가끔 감사 인사를 반 페이지 정도 쓸 때 어디에 삽입할지 묻는 경우가 있다. 속세의 기준으로 답하자면, 유명한 사람에 대한 감사라면 무조건 앞에 쓰고, 유명하지 않아도 존중의 뜻으로 머리말 뒤나 앞에 배치할 수 있다. 가까운 사이라면, 뒤쪽에 배치해도 이해해주지 않을까. 책의 순서에 답은 없지만, 어떻게 해야 할지 모를 때는 독자에게 얼마나 보여주고 싶은지에 따라 배치하면 된다.

첫 책의 초고를 완성하느라 고생하셨습니다.

1시간 소요 / 맞춤법은 자기출판 작가가 혼자 여러번 고쳐야해서, 쉽지 않다. 어렵더라도 <한국어 어문규범>의 문장부호 정도는 꼭 보고 교정을 시작해야 한다.

초고 쓰기를 시작할 때 알아두어야 할 중요한 것 중의 하나가 맞춤법이다. 자가출판 작가가 혼자 책을 내고, 교정을 스스로 보면서 완벽한 맞춤법으로 교정된 책을 내는 것은 어려운 일이다. 보통 출판사에서 여러 명의 전문가가 교정과 교열을 보는 것을 생각하면, 첫 책을 내는 작가에게는 맞춤법이 매우 까다로운 문제 중에 하나이다. 자가출판 작가는 맞춤법이 아니라 오탈자를 잡는것도 쉽지 않은 일이다. 오탈자와 맞춤법은 책이 입은 옷이고, 독자에게 책의 인상을 전달한다. 끝까지 잡고 있어야 하는 것이 독자에 대한 예의다. 이렇게 쓰고 있는 지금도 마음 한 켠이 뜨끔하다. 사람들을 만나러 가는데 재킷의 단추를 하나씩 엇갈려서 채우고 나갈 수는 없는 일이다.

맞춤법이 잘 맞아야, 잘 읽힌다/ 맞춤법은 책에서 마이너스가 될 수는 있지만, 플러스가 될 수는 없는, 티 나지 않는 작업으로 생각하기 쉽다. 실제로 맞춤법에 맞게 본문을 수정해 보면, 맞춤법이 잘 맞고, 표기법을 잘 따른 본문이 읽기도 좋다. 대화는 따옴표 안에 들어있어야 하고, 책의 제목이나 작품의 제목은 적절한 괄호 안에 있을 때 더 잘 읽힌다. 맞춤법만 잘 맞춰도 전달력이 훨씬 좋아진다.

초고를 쓰기 시작하면서 맞춤법을 알아두고 시작해야 하는데 이제야 맞춤법을 다루는 데는 이유가 있다. 기본적인 맞춤법은 한글 맞춤법 검사기가 어느 정도 고쳐주지만, 퇴고를 시작하는 지금, 한국어 어문규범을 한번 확인하고, 적절한 문장부호를 사용해서 원고를 완성하기 시작할 때다. 시작할 때부터 규칙에

맞게 잘 사용하면 좋겠지만 자꾸 잊어버리기도 하고, 초고를 쓸 때는 고민이 많아서 알아도 적용이 잘 안 되는 경향이 있다. 퇴고를 시작하면서 익히고, 잘 교정해 나가면 좋겠다.

문장부호 부분은 꼭 읽고 시작하자/ 맞춤법은 한국어 어문규범 사이트를 참고하면 좋다. 한국어 어문규범 사이트에 들어가면 표기법, 띄어쓰기, 외래어 표기법까지 모든 규정을 다 확인할 수 있다. 내용이 방대해서 다 읽을 수 없다면, 가장 왼쪽 하단에 한글 맞춤법-부록(문장부호)은 꼭 읽어보고 초고를 쓰면 좋다.

가장 기본적으로 많이 사용해야 하는 문장부호 몇 가지만 소개하면

책으로 출판된 인쇄물, 신문, 잡지 『』

『』, ≪≫ 겹낫표, 겹화살괄호는 책의 제목이나 신문의 이름 등을 쓸 때 쓴다. 둘 중 어떤 것을 사용해도 무방하고, 문장 안에서는 큰따옴표로 대신해도 된다. 보통 책 제목을 쓸 때는 겹낫표로 쓰는 것이 가장 보기 좋다고 생각된다.

작품 제목 <>

「」<>홑낫표, 홑화살괄호는 소제목이나, 예술작품의 제목, 상호, 법률, 규정들을 나타낼 때 더 광범위하게 쓰인다. 역시 작은따옴표로 쓰는 것도 가능하다. 간혹 겹낫표를 써야 하는지 홑낫표를 써야 하는지 헷갈릴 때는 홑낫표를 쓰면 된다고 어문규정에 명

시되어 있다.

　한국어 어문규정의 문장부호 부분은 길지 않으
니 퇴고를 시작하기 전에 간단히 읽어보기를 바란다..
　https://kornorms.korean.go.kr/

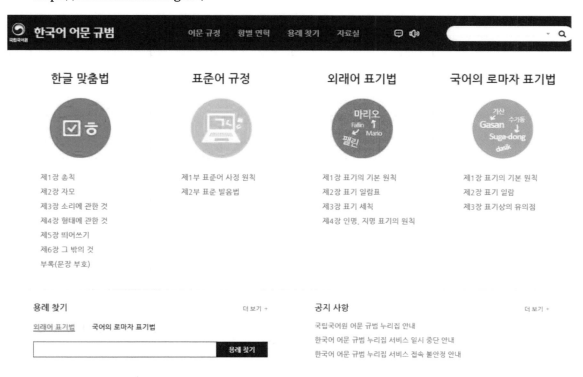

　그 외의 헷갈리는 맞춤법은 검색을 활용해서 표
기하면 된다.

⏰ 1시간 소요 / 퇴고는 경험이 중요한 부분이지만, 맞춤법부터 문법까지 차분하고 꼼꼼하게 고쳐나가면 된다. 중요한 것은 의미가 잘 전달되고, 어색하지 않게 고치면 된다.

퇴고는 무엇일까/ 책을 쓰기 전에는 퇴고라는 단어의 뜻을 안다고 생각했다. 책을 완성할 때까지 안다고 착각했다. 초고를 완성하고 나자, 퇴고의 의미를 모른다는 것을 깨달았다. 고쳐야 하는데, 무엇을 어떻게 고쳐야할지 도무지 알 수 없었다. 초고를 완성할 때는 초고만 완성하면 어려운 부분이 없을 줄 알았는데, 퇴고는 무엇인지도 모르겠는 어떤 막막한 경험이었다.

퇴고를 사전에서 찾아보면, 글을 잘 어울리도록 여러 번 다듬고 고치는 일이다. 맞춤법, 어법에 맞게 고치는 것 이상 어떻게 고쳐야 할지 아무것도 몰랐다. 알고 보면 퇴고는 어려운 것은 아니다. 경험이 필요할 뿐이다.

퇴고에도 단계가 있다.

교정, 교열, 윤문의 순이다.

교정은 가장 작은 단위에서 오탈자를 고치는 일이고, 교열은 문장 단위에서 어법에 맞게 문장을 고치는 일이다. 윤문은 문장을 윤이 나도록 매끄럽게 만드는 일이다.

교정, 교열, 윤문이란/ 교정은 오탈자 띄어쓰기 같은 전체적인 맞춤법을 보는 것이고, 교열은 문법적으로나 읽었을 때 어색하지 않게 문장 단위에서 고치는 일이다. 교정, 교열을 마치면 비로소 글 전체의 맥락에 맞게 중복은 빼고, 필요한 의미는 더하고, 문장의 순서를 뒤바꾸기도 하면서 문장을 고쳐가면 된다. 그것이 윤문이다. 글의 의미를 명확하게 하고 읽기에 선명하고 경쾌하게 만드는 것이다. 교정, 교열, 윤문은 순서대로 하지 않고 동시다발적으로 봐도 된다. 자가출판 작가는 혼자서 책 전체 교정을 해야 하기 때문에 눈에 보이는 문제를 다음 단계로 넘기면 안 되고, 보이면 무조건 고치고 넘어가야 한다. 그러다 보면 순서대로 절대 진행할 수 없다. 물론 순서가 없는 것은 아니다. 일단 맞춤법 검사기의 도움을 받고, 외래어나 어려운 띄어쓰기 같은 것은 검색해서 정답을 찾는다. 그러면서 윤문도 같이 하거나, 교정, 교열을 빠르게 먼저하고, 윤문을 하기도 한다.

중요한 것은 전문 편집자들도 여러 사람이 여러 번 하는 과정을 혼자 하거나, 한두 명의 도움을 받아 해결해야 한다는 점이다. 자가출판에서는 빨리 쓰고 많이 고치는 것 외에는 방법이 없다. 15일이나 필요한 이유는 첫 책을 낼 때는 유독 퇴고 과정에서 원고의 부족한 부분이 잘 보인다. 15일 동안의 시간을 잘 활용해서 원고를 보충할 수 있도록 넉넉하게 일정을 만들었다.

퇴고의 전 과정에서 가장 중요한 것은 거슬리는 부분을 만들지 않는 것이다. 편집자들은 오탈자가 없는 책은 없다고 말하지만, 자가출판은 실수만 줄여도 완성도를 높일 수 있다.

퇴고의 순서/ 퇴고 과정에서 가장 먼저 할 일은 맞춤법 검사기를 통해서 오탈자를 최대한 줄인 상태에서 교정 교열을 시작해야 한다. 외래어, 이름, 기호 등은 맞춤법 검사기가 교정하지 못하니 신경 써서 따로 고쳐야 한다. 오늘은 문서 전체의 맞춤법 검사를

마치고, 최대한 글을 읽어가면서, 틀린 부분을 수정하면 된다.

내지 편집을 직접 한다면 첫 번째 교정부터 내지 양식에 붙여가면서 교정을 봐도 된다. 내지 편집을 하면서 동시에 맞춤법을 먼저 맞춰두면, 나중에 윤문하기도 쉬워진다. 교정, 교열, 윤문은 동시에 진행해도 되지만, 한 번에는 절대 완성되지 않는다. 특히 윤문이 그런데, 최소 2회 이상 읽어봐야 그나마 군더더기 없는 문장으로 수정할 수 있다.

퇴고의 단계
초고완성 -맞춤법 교정 - 내지 편집양식에 붙여넣기- 2차 교정, 윤문 -책 전체 프린트 -3차 교정

내지 편집양식에 붙여넣는 순서는 교정을 보는 속도에 달렸는데, 스케줄에 맞춰서 유연하게 결정하면 된다. 무조건 서두르고, 마감을 지키면 문제 될 것은 없다. 2차 교정까지는 60일 안에 무조건 끝내고, 3차 교정은 책을 등록하기 전까지 계속 고친다고 생각하면 된다.

DAY 49 교정, 교열

⏰ 1시간 소요 / 퇴고를 하는 15일은 두 번째 기회와 같다. 퇴고에 집중하면서, 원고의 부족한 부분도 보완하면 좋다. 초고를 쓸 때 보다는 훨씬 수월하게 진행할 수 있다.

처음에 교정, 교열로 바꾼 문장은 내 것이 아닌 것 같고 어색했다. 맞춤법 검사도 길고 험난했는데 맞춤법 검사를 마치고 나서는, 이제부터 무얼 더 해야 할지 감도 잡히지 않았었다. 교정과 교열의 차이도 모르겠고, 윤문이라는 단어는 생소했다. 퇴고와는 무슨 차이가 있는지도 헷갈린다. 퇴고는 사전적인 의미로는 글을 다듬고 고치는 것이다. 교정과 교열, 윤문을 모두 포함해서 초고를 다듬는 것이라고 볼 수 있다.

교정과 교열/ 교정을 시작해보면, 교정과 교열이 왜 세트로 묶인 단어가 되는지 알게 된다. 맞춤법에 맞게 고치다 보면, 습관적으로 쓴 필요 없는 접속사나, 주어들을 삭제하고, 문장 수준에서 주어와 서술어가 맞지 않는 어색한 문장들을 먼저 고치게 된다. 이 과정에서 맞춤법이 틀린 단어를 찾으면 고치고, 띄어쓰기도 고친다. 교정을 하다가도 교열을 하게 된다. 교정, 교열에서는 나중이 없다. 힘들게 적은 수많은 단어 사이에서 틀린 글자 하나는 다음번에는 절대 찾을 수 없을지도 몰라서 무조건 보일 때 고쳐야 한다.

교정과 교열은 잘못된 글자나 단어, 문장의 구조를 바로잡아서 문제가 없는 문장이 되도록 만드는 것이라고 볼 수 있으며, 가장 기본적인 퇴고의 과정이다. 기본적으로는 문법과 맞춤법에 맞게 표기를 고치는 작업으로 생각할 수 있고, 글의 신뢰도와 직결되기도 한다. 전문 편집자들조차도 교정, 교열의 관점에서 완벽한 책은 없다고 말하기도 한다. 오탈자가 없는 책은 없고, 완벽한 문법으로만 구사된 책도 없다고 한다. 그만큼 교정과 교열은 시간을 들여 꼼꼼히 완성해야 하는 작업이다.

자가출판의 작가들은 대부분 비용의 문제 때문에 교정과 교열을 직접 하게 되는 경우가 많다. 교정 교열을 전문가에게 의뢰하게 되면, 페이지당 최소 2000원 수준의 비용을 지불해야 한다. 10쪽만 되도 2만 원이고, 100쪽이면 20만 원이다. 이렇게 3차에 걸쳐서 비용을 지급하는 대신에 스스로 교정하고 있다면 손해 보는 장사는 아니다. 교정, 교열을 하면서 작가 본인의 습관도 고치고 맞춤법도 익히는 것까지 생각하면, 글 쓰는 사람에게 교정, 교열은 필요한 훈련이라고 생각하는 것이 마음의 평화에 도움이 된다.

글쓰기에서 가장 기본이 된다고 생각하는 맞춤법은 생각보다 간단하지 않다. 교정의 경우는 오탈자를 잡아내는 작업을 집중적으로 하면서 시간을 투자하면 완성도를 높일 수 있지만, 띄어쓰기나 외래어 표기, 문장부호의 사용법 등은 만만한 작업이 아니다. 초보 작가들의 경우 한글을 이용한 맞춤법 검사를 사용하는 것으로 교정을 끝내는 경우가 많은데, <한글>이 제공하는 맞춤법 검사기는 완벽하지 않다. 필요한 부분이나 자주 쓰는 단어의 경우는 반드시 검색을 통해서 맞는 표현을 찾아보면서 교정을 해주는 것이 좋다. 잘못된 표기법이나, 오탈자가 많으면 책의 신뢰도를 떨어트릴 수 있기 때문에 반드시 시간을 들여서 여러 번 확인해야 한다.

교열/ 교열은 문법적으로 매끄러운 문장을 만드

는 것이라고 볼 수 있다. 자신이 쓴 글을 자신이 교열하는 것은 교정보다 훨씬 어렵다. 말을 할 때조차 문법적으로 깔끔한 문장을 사용하지 않기 때문이다. 자가출판의 작가는 완벽한 교열을 하겠다는 욕심보다는 이중적인 의미가 없고, 오류 없는 문장으로 만들려는 노력에 포커스를 맞추면 좋다. 교열을 할 때는 소리 내서 읽어보는 것이 도움이 된다. 우리는 글 쓰는 훈련보다 말하는 훈련이 더 많이 되어있기 때문에 소리 내서 읽었을 때는 문장의 구조적 오류를 쉽게 찾아낼 수 있다.

퇴고에 15일이나 필요한 숨겨진 이유/ 사실 교정, 교열에 들이는 시간으로 15일은 적지 않다. 물론 초보자를 위해서 시간을 많이 할애한 것도 있지만, 첫 책을 쓸 때부터 지금까지 이 15일의 퇴고 기간 동안 교정, 교열만 해본 적이 없다. 거의 원고를 두 번 쓰다시피 보완하고 추가했다. 초고를 쓸 때는 괜찮다고 생각이 들었는데, 완성하려고 보니 부족한 부분이 너무 많았다. 항상 퇴고하면서 전체 분량의 1/3 정도 추가 분량을 썼던 것 같다. 책을 쓰는 방법이 통상적으로 이렇다는 것이지, 책을 쓰는데 방법은 작가마다 다 다르고, 답도 없다. 지금까지 써 둔 내용을 읽어보고 괜찮으면, 교정, 교열에 집중하면서 내지 편집에 빨리 들어가고, 그렇지 않다면 지금부터 집중적으로 시간을 투자해서 원고를 보완해도 된다.

마감은 지켜야 한다/ 절대 안 되는 것은 마감을 늦추는 일이다. 첫 하루 이틀을 미룰 때는 필사적으로 '내일은 편집을 시작해야지', '투고해야지' 할 수 있지만, 2~3일이 지나면 달라진다. 초고가 완성되었으니 당연히 책을 완성할 수 있겠다고 믿는다면, 아직도 자신을 모르고 하는 말이다. 작가가 되는데 가장 큰 적은 자신이다. 마감일에는 무조건 등록해야 한다.

DAY 50 윤문

🕐 1시간 소요 / 윤문은 글의 전달력을 높이는 것에 집중하면 어렵지 않다. 처음부터 욕심부리지 말고, 명료하게 만드는 데 집중하자, 명료하면 글이 달라 보인다.

부끄러운 이야기지만, 첫 책을 쓰기 전까지 윤문이라는 단어를 몰랐다. 교정과 교열은 들어 본 적은 있었지만, 윤문은 생소했다. 교정, 교열도 벅찬데, 한 단계가 더 있다니 슬프기만 했다. 맞춤법과 문법에 맞게 고치는 것 외에 윤문을 어떻게 해야 할지 몰랐다.

윤문의 목적/ 윤문은 문장을 윤기 나게 다듬는다는 뜻이다. 글을 매끄럽게 만든다는 뜻인데, 보통 사람들이 생각하는 글쓰기가 자체가 윤문이다. 문장의 단어 하나를 의미와 감정에 맞게 고르고, 글의 맛을 더하는 작업이 윤문이다. 그러나 실제 윤문 작업은 글쓰기의 표현을 다듬는 문제이기는 하지만, 의미상으로, 구조적으로 다듬는 것에 가깝다.

윤문의 원칙
문단 내에서 맥락에 맞지 않는 문장이 있는지,
문단의 전체적인 메시지가 잘 전달되고 있는지,
좀 더 이해하기 쉬운 표현으로 바꿀 수 있는지,
다른 의미로 해석될 여지가 있는지

다각적으로 검토해야 한다. 초보 작가들이 윤문에서 신경 써야 할 가장 중요한 요소는 전달력이다. 메시지를 의도대로 잘 전달하는지를 확인하는 것에 중점을 두면서 써야 한다. 윤문에서 고려해야 하는 점은 매우 많지만, 전문가들에게도 쉬운 과정은 아니다. 다만, 글을 쓴 목적을 잊어서는 안 된다.

아무리 세련된 문장으로 글을 다듬는다고 하더라도 작가의 메시지가 잘 전달되지 않는 글은 기능을 잃었다고 볼 수 있다. 첫 책에서부터 완벽하고, 세련된 표현으로 독자를 감동하게 하려는 것은 과욕이다.

일단은 메시지를 잘 전달하는 것에 집중해야 한다.

글쓰기 수업을 진행하거나, 스스로 글을 쓸 때도, **빠르고** 꾸준히 쓰는 것을 강조하는데 퇴고의 세 단계인 교정, 교열, 윤문의 경우는 많이 반복해서 시간 여유를 가지고 진행하라고 조언하고 싶다.

윤문을 해야 글쓰기가 는다/ 특히 윤문은 글쓰기 실력이 느는데 매우 도움이 된다. 윤문은 초고로 완성한 문단을 자유롭게 재배열하면서, 문장의 효과적인 표현과 전달을 위해서 수정하게 된다.

윤문의 방법
문장을 경제적으로 쓴다.
필요 없이 반복되는 단어를 삭제하거나 고친다.
반복되는 서술어를 다양하게 변형해서 적용한다.
너무 긴 문장은 나눠준다.
어려운 표현은 쉽게 바꾼다.
접속사를 남발하지 않는다.
강조를 위한 부사를 남발하지 않는다.
문장의 순서를 재배열한다.

윤문은 이런 기준으로 하게 된다. 일부 교정, 교열로 볼 수도 있지만, 교정, 교열에서는 일단 어색하고 문제 되는 것을 고치는 것이라고 보고, 윤문은 어색하지 않더라도 효과적으로 고치는 것에 중점을 둔다. 초보 작가라면 더욱 스스로 윤문을 해봐야 한다. 윤문을 하면서 자신의 습관을 파악할 수 있고, 표현력도 향상된다. 이 과정에서 글쓰기의 기본기가 다져진다. 초고를 **빠르게** 써 내려갈 때는 미처 알지 못했

던 잘못된 표현이나 습관을 객관적으로 판단할 수 있다.

　　같은 서술어를 반복한다던가 강조를 위해 '매우', '정말' 같은 부사를 자주 사용하는 습관은 윤문을 하면서 명확하게 이해하게 된다. 처음에는 쉽지 않지만, 반복되는 서술어를 다양하게 고치는 연습과 필요 없는 접속사나 부사를 사용하는 습관은 윤문을 통해서 이해하고 서서히 고쳐진다.

　　결국, 글쓰기도 훈련이라서 창의적인 아이디어나 풍부한 표현력은 하루아침에 생기는 것은 아니다. 아무리 다독을 하더라도 직접 쓰는 경험을 해보지 않으면, 정확히 의도한 내용과 분위기를 전달하기 어렵다.

　　빼기에서부터 시작한다/ 처음에는 어떻게 해야 하는지 가닥을 잡기 어려웠다. 그래서 반복되는 부분을 삭제하고, 의미와 상관없는 '제가' 같은 표현을 정리하는 것부터 시작했다. 단기간에 전문가처럼 완벽한 문장을 구사할 수는 없다. 강조하고 싶거나 설명이 어려운 내용을 여러 번 설명하는 문장도 정리했다. 의미가 복잡하거나 중의적으로 해석될 수 있거나 전달에 조금이라도 문제가 있는 것 같은 문장도 처음부터 다시 쓰거나 쉬운 말로 바꿨다.

　　빼기로 시작한 윤문 작업은 글을 쓰는 이의 생각도 정리해 준다 같은 내용을 여러 번 읽으면서 어떻게 간결하면서 효과적인 내용으로 만들 것인지를 생각하기 때문이다.

　　윤문은 단계를 거칠수록 빛난다/ 윤문을 어떻게 시작해야 할지 모르겠다면, 중복을 삭제하면서 문장 구조를 간단하게 만드는 것부터 시작하면 좋다. 마치 머리카락을 자르는 것과 같은데, 머리를 자를 때는 한 번에 가지런히 자를 수 없다. 일단 전체적으로 나란히 자르고 나서 빗질을 하면, 숨어있던 잘리지 않은 머리카락이 삐죽삐죽 드러난다. 이런 과정을 여러 번 하고 나서야 단정한 머리를 만들 수 있다. 윤문

과정도 완벽하게 같은 과정이다. 단 한 번에 깔끔하게 문장을 정리할 수 없다. 한번 가지런하게 정리하고 난 뒤에야 미처 잘리지 못한 긴 머리카락처럼 필요 없는 부분이 도드라지게 된다. 그래서 처음에는 거슬리는 부분부터 시작해서 조금씩 더 세밀하게 다듬어 간다고 생각하면 된다.

퇴고 1/ 일단 가장 먼저 하고싶은 이야기는 '나에게 집중하라'라는 말이다. 책을 쓰면서 이전과 달라지는 것은, 누군가 읽어줄 것이라는 생각으로 쓰게 된다는 점이다. 첫 책을 쓰는 작가가 가장 경계해야 할 것이 바로 독자를 상정하고 글을 써나가는 것이다. 한국 사람이 특히나 그런데 내 책의 첫 장을 쓰면서부터 책을(이것을) 읽을 가족과 친구, 직장동료들의 반응을 생각하게 된다. 사생활이 드러나는 작은 힌트도 가리고, 가족들이 몰랐으면 하는 내 생각도 걷어내고, 그들이 듣고 싶어하는(싶은) 말로 내책을 채운다. 그러다보니 나는(내가 쓰고 싶은 책은) 사라지고 없다. 내 책을 읽고 보일 반응들을 끝없이 상상하면서(반응들은 내 머릿속에서 끝없이 이어지고,) 나도 모르게 혼자 쓰는 책안에서 열심히 사회생활을 하고 있다.

가족들이 내걱정을 하지 않도록 혼자만의 걱정도 걷어내고, 친구들이나 동료들이 비웃지 않도록 약점도 걷어내고, 책안에는 적당한 겸손과 정당한 자랑, 적당한 이야기들로 가득하다. 글로도 나를 속이고 있다. 드라마 안나의 광고에서 본"혼자보는 일기장에도 거짓말을 쓴다"는 말이 뼈저리게 와닿는 시점이다.

퇴고 2/ 가장 먼저 하고싶은 이야기는 '나에게 집중하라'이다. 책을 쓰면서 달라지는 점은, 누군가 읽어줄 것이라는 생각으로 쓰게 된다는 점이다. 첫 책을 쓰면서 가장 경계해야 할 것이 바로 독자를 상정하고 글을 써나가는 것이다.

첫 장을 쓰면서부터 책을 읽을 가족과 친구, 직장동료들의 반응을 생각한다 사생활이 드러나는 작은 힌트도 가리고, 가족들이 몰랐으면 하는 생각도 걷어내고, 그들이 듣고 싶어하는 말로 채운다. 그러다보니 나는 사라지고 없다. 책을 읽고 보일 반응들을 끝없이 상상하면서, 나도 모르게 혼자 쓰는 책 안에서 사회생활을 하고 있다.

가족들을 걱정시킬 생각도 걷어내고, 친구들이나 동료들이 비웃을 약점도 걷어내고, **적당한 겸손과 정당한 자랑, 적당한 이야기만 남긴다.** 글 안에서도 솔직하기가 어렵다. 드라마 안나의 광고에서 본"혼자보는 일기장에도 거짓말을 쓴다"는 말이 뼈저리게 와닿는 시점이다.

위 글을 첫 교정을 마친 상태다. 주황색 글씨는 삭제하거나 수정할 부분이다. 초고에는 습관과, 중복이 많다. 생각나는 대로 썼기 때문에 내 걱정, 내 책같이 습관적으로 나오는 필요 없는 부분을 삭제하고, 의미상 중복인 곳도 삭제한다.

초고이기 때문에 구어체인 '한국 사람들이 특히나 그런데' 같은 부분이 남아있다. 구어체는 상관없으나 '특히나 그런데' 같은 불분명한 표현을 분명하게 바꿔준다.

두 번째 교정을 마치면서 필요 없는 부분이 많이 줄어 들었다.

'내 걱정을 하지 않도록 혼자만의 걱정도'를 '걱정 시킬'로 바꿔도 아무 문제도 없고 내용 전달에는 더 깔끔하다.

'글로도 나를 속이고 있다.'를 '글 안에서도 솔직하기가 어렵다.'로 바꿨는데, 더 명확해졌다. 글로 나를 속이는 것이 누구인지 모르는 문장이었으나, 솔직하기 어렵다는 더 직접적인 표현이라서 이해하기 쉽다.

10

퇴고 3/ 가장 먼저 하고싶은 이야기는 '나에게 집중하라'이다. 책을 쓰면서 달라지는 점은, 누군가 읽어줄 것이라는 생각으로 쓴다는 점이다. 첫 책을 쓸 때 가장 경계해야 할 것이 바로, 독자를 상정하고 글을 쓰는 것이다.

첫 챕터를 쓰면서부터 책을 읽을 가족과 친구, 직장 동료들의 반응을 생각한다. 사생활이 드러나는 작은 힌트도 가리고, 가족들이 몰랐으면 하는 생각도 걷어내고, 그들이 듣고 싶어 하는 말로 채운다. 그러다보니 나는 사라지고 없다. 책을 읽고 보일 반응들을 끝없이 상상하면서, 나도 모르게 혼자 쓰는 책 안에서 사회생활을 하고 있다.

가족들이 걱정할만한 생각도 걷어내고, 친구들이나 동료들이 비웃을 약점도 걷어내고,

책안에 적당한 겸손과 적당한 자랑, 적당한 이야기만 남긴다. 글 안에서도 솔직하기가 어렵다. 드라마 <안나>의 광고에서 본 '혼자 보는 일기장에도 거짓말을 쓴다' 는 말이 뼈저리게 와닿는 시점이다.

완성/ 가장 먼저 하고싶은 이야기는 '나에게 집중하라'이다. 책을 쓰면서 달라지는 점은, 누군가 읽어줄 것이라는 생각으로 쓴다는 점이다. 첫 책을 쓸 때 경계해야 할 것이 바로, 독자를 상정하고 글을 쓰는 것이다.

첫 챕터를 쓰면서부터 가족과 친구, 동료들의 반응을 생각한다. 사생활이 드러나는 작은 힌트도 가리고, 가족들이 몰랐으면 하는 생각도 걷어내고, 그들이 듣고싶어 하는 말로 채운다. 그러다보니 나는 사라지고 없다. 책을 읽고 보일 반응들을 끝없이 상상하면서, 나도 모르게 혼자 쓰는 책 안에서 사회생활을 하고 있다.

책안에 적당한 겸손과 적당한 자랑, 적당한 이야기만 남긴다. 글 안에서도 솔직하기가 어렵다. 드라마 <안나>의 광고에서 본 '혼자 보는 일기장에도 거짓말을 쓴다.'는 말이 뼈저리게 와닿는다.

세 번째 교정을 마치면서 처음에 비해 분량이 거의 반이 되었지만, 내용상 차이는 별로 없다. 최종적으로 여러 번 고쳤던, '가족들이~'로 시작되는 부분을 삭제하면서 더 간략하게 정리했다. 작품명인 <안나>의 문장부호도 수정해 주었다.

이렇게 퇴고를 마무리했다. 지문으로 보면 이해하기 어려울 수 있지만, 군더더기를 빼는 과정이다. 더 써넣을 때도 많지만 같은 과정을 거쳐 퇴고를 한다.

완성된 글에도 뺄 수 있는 부분은 많다. 밑줄로 표시한 맨 앞 단어 '가장', '듣고 싶어 하는' '그러다보니' 같은 부분이다. 가장 먼저 하고 싶은 말이라서 빼지 않았고, '그러다보니'는 느낌상 딱딱한 말로 대체하고 싶지 않았다.

퇴고가 안 된 글을 독자들에게 이해를 어렵게 하지만, 작가의 말투, 의도, 목소리는 담아도 된다. 우리는 아나운서처럼 말 할 필요까지는 없다.

DAY 52 판권지 작성하기

⏰ 1시간 소요 / 판권지는 원고에 포함된다고 볼 수는 없지만, 자기출판으로 책을 낼 때는 작가가 작성해야 하는 부분이다. 판권지 정보가 잘못되면 자가출판시 반려되기도 하니, 꼼꼼히 확인해야 한다.

판권지/

시키는대로 책쓰기

60일 종이책 원고 완성   제목과 부제

지은이 김지혜(올레비엔)   -가급적 본명과 필명을 같이 기재하는 것이 좋다.
지은이 이메일 bnseoul66@gmail.com -오랫동안 사용가능한 연락처

발 행 2022년 00월 00일 -임의로 설정가능
펴낸이 한건희   -펴낸이 ~ 이메일까지는 부크크에 관한 내용이므로 수정하지 않는다.
펴낸곳 주식회사 부크크
출판사등록 2014.07.15.(제2014-16호)
주 소 서울특별시 금천구 가산디지털1로 119 SK트윈타워 A동 305호
전 화 1670-8316
이메일 info@bookk.co.kr   -수정하지 않는다.

ISBN
가 격 15,000 원   -12개월 동안 바꿀 수 없으니 신중해야 한다.

www.bookk.co.kr

© 이름 2023

*본 책은 저작자의 지적 재산으로서 무단 전재와 복제를 금합니다. -판권관련 문구를 입력할 수 있다.

0
9

판권지는 책의 앞이나 맨 뒤에 들어가는 책의 정보다. 판권지는 원고의 일부라 보기는 어렵고, 책을 발행할 때 필요에 의해 추가하는 내용이다. 여기서는 자가출판을 전제로 하므로 판권지 샘플을 추가 했다. 판권지까지 써 두면, 내지 편집할 때 원고에서 추가되는 부분은 거의 없다.

판권지는 책의 정보 및 판권의 정보를 표기한 페이지로, 아날로그 시대에는 저자의 인지가 우표처럼 붙어있거나, 도장으로 찍여 있던 맨 마지막 페이지였다. 간기면이라고도 하는데, 저자의 인지가 사라지면서, 맨 마지막 페이지에서 맨 앞으로 오기도 하면서 위치가 자유로워졌다. 책의 중요 정보인 '서지'를 표기하는 페이지로 지금도 판권지는 출판사나 발행인의 연락처, 저자나 역자의 연락처를 확인할 때 독자들이 확인하는 페이지 이다. 책의 고유번호인 ISBN과 가격도 책 표지와 판권지에 함께 표시된다.

판권지는 정해진 양식은 없지만, 꼭 필요한 정보를 누락하면 안되고, 보기좋게 정리하면 된다. 출판사는 출판사의 연락처나, 독자로부터 의견을 받는다는 간단한 메시지를 판권지에 추가하기도 한다. 판권지가 잘 이해되지 않는다면, 집에 있는 아무 책이라도 집어서 맨 앞이나 맨 뒷페이지를 확인하면서, 내 책의 판권지를 어떻게 쓰고, 추가할 메시지를 어떻게 넣을지 결정하면 된다. 왼쪽 페이지는 판권지의 샘플로, 꼭 필요한 필수사항만 들어가 있다. 여기에 필요한 문구를 추가로 삽입하면 된다.

아래 QR코드를 카메라로 찍으면 링크와 연결된다. 링크에서는 부크크 출판에 필요한 판권지 샘플을 한글 파일로 다운받을 수 있다.

DAY 53 추천사 받는법

⏰ 1시간 소요 / 추천사는 책에 꼭 필요한 요소는 아니다. 다만 첫 책이 우리에게 의미가 있다면, 존경하는 분이나, 고마운 분에게 부탁해서 책의 의미를 더할 수 있다.

책의 날개나, 책의 뒷표지에는 책의 홍보를 위해서 자랑할만한 문구나 추천사를 적는 경우가 많다. 유명인의 추천사는 신인작가를 단숨에 베스트셀러로 만들기도 할 정도로, 유명인의 추천사는 영향력이 있다. 주변에 유명한 사람이 있다면, 의미있는 분께 추천사를 받고 싶다면, 어떻게 해야 할까? 추천사는 꼭 필요한 것은 아니지만, 첫 책의 의미를 살려 고마운 분들에게 요청해도 좋다. 추천사는 다른 사람에게 부탁해야하기 때문에 미리 준비하는 것이 좋다.

추천사를 누구에게 부탁해야 할까/ 추천사를 누구에게 받을지를 결정 한다. 추천사는 영향력이 있는 사람일수록 좋다. 특히나 판매량을 늘리고 싶다면 관련 분야의 권위자나, 유명인사라면 도움이 된다. 관련 협회나 기관 대표도 좋다. 유명한 사람이 아니어도 의미있는 사람의 추천사도 좋다. 가까운 사람의 추천사는 작가에 대한 애정으로 미처 찾지 못한 책의 매력을 찾아주기도 한다. 추천사는 꼭 필요한 것은 아니다. 추천사가 없는 책도 많다.

추천사 부탁하는 법/ 추천사에 정해진 형식이 있는 것은 아니지만, 의미를 더할 추천사를 받고 싶다면 미리 양식을 정해야 한다. 추천사를 써 달라고 부탁하려면, 분량은 얼마나 필요한지, 어디에 삽입 할 것인지를 정한뒤 부탁해야한다.

추천사를 분량과 위치를 정한다.
뒤표지에 넣는 추천사는 3~5줄정도로 2~3명

사이로 넣기도 하고, 반 페이지 정도로 길게 단 한명의 추천사를 넣을 수도 있다. 뒷 날개에도 추천사를 넣을 수 있고, 그렇게 되면, 공간의 제약으로 글이 짧아질 수 있다. 만약, 아주 아주 영향력 있는 사람을 알고 있다면, 아예 두 페이지 정도의 추천사를 부탁해서 머리말 앞이나 뒤에 넣어서 신인작가의 보증 수표로 쓸 수도 있다.

추천사를 받을 사람에게 책의 내용을 전달해야 하는데, 전체적인 줄거리를 500-1000자 사이로 가볍게 요약해서 전달하면 좋다. 추천사를 쓸 사람에게
분량과, 추천사 삽입 위치, 최종기한을 설명해야 한다. 추천사 삽입 위치를 알려주면 분량과 내용을 쓰는데 도움이 된다. 상황에 따라 전체 원고를 요청할 수도 있으니 미리 대비해야 한다. 필요에 따라 같은 내용을 2~3명에게 부탁해서 추천사를 준비하면 된다.

추천사를 받을 때 공간적 제약 때문에 추천사를 편집할 수 있다는 사실을 미리 이야기 해 두어야 예의에 어긋나게 되는 상황을 만들지 않는다.

DAY 54 제목정하기

⏰ 1시간 소요 / 독자가 책을 접할 때 가장 먼저 보는 것이 제목이다. 무명 작가는 제목을 어떻게 짓느냐에 따라 책의 운명이 결정된다.

드디어 제목을 확정할 때가 왔다. 가제를 정해두고 쭉 제목을 생각해봤겠지만, 제목 역시 시간을 따로 들여서 여러 가지를 고려해본 뒤 정해야한다.

원고를 쓰기 시작할 때 정했던 가제를 시작점으로 삼고, 책을 잘 표현 할 수 있는 제목을 찾아야 한다. 제목에도 유행이 있는데, 긴 제목, 짧은 제목이 번갈아 유행하기도 하고, 핵심이 되는 단어나 유행하는 문구가 있기도 하다.

제목에 핵심 키워드가 필수/ 첫 책을 내는 작가의 제목은 자꾸 길어진다. 아무도 나를 모르는데, 독자와 만나는 방법은 책 제목에 키워드를 우겨넣는 방법이 가장 확실하다. 첫 책의 제목은 작가의 정체성이면서, 작가가 독자와 만날 수 있는 키가 되는 단어다. 반드시 제목을 확정하기 전에 검색해봐야 한다. 독자들은 검색을 통해서 책을 찾는 경우가 많다.

검색 되는 키워드가 중요하다/ 먼저 책의 가장 대표 키워드를 찾아야 한다. 키워드를 찾을 때는 독자의 입장에서 검색해야 한다. 『60일 종이책 초고완성』이 책의 핵심 키워드가 초고나 원고쓰기가 키워드가 될 것 같지만, 아니다. 사람들은 초고쓰기나 원고쓰기를 검색하지 않는다. 책쓰기나 글쓰기를 검색한다. 만약 독자와 만나고 싶다면, 책쓰기나 글쓰기를 제목에 넣어야 한다. 이렇게 만나는 독자와 작가는 서로 절박하기 때문에 충성도가 높다.

제목은 내용도 대표해야 한다/ 대표 키워드를 찾았으면, 책의 내용을 담아야 한다. 이 책의 내용은 초고완성이 핵심이라서 내용을 담았다. 두 번 생각할 필요가 없는 직관적인 키워드가 필요하다. 이제 책의 차별점을 담을 때다. 이 책이 다른 책쓰기 책과 다른 점을 제목에 담아야 한다. 차별점이나 작가의 의도를 담으려고 노력했는데, 그 단어가 '시키는 대로'였다.

시키는 대로 / 하라는대로 / 정해준 대로
플래너 /일정/ 노트/ 스케줄러

제목의 방향성을 잡았다면, 다양한 단어를 조합해서 책의 정체성을 가장 잘 드러낼 수 있는 조합을 만들어야한다.

『시키는 대로 책쓰기 플레너
60일 종이책 초고완성』

그렇게 완성된 것이 이 제목이다. 제목에는 책의 의도, 책을 읽어야 할 타겟, 책의 핵심 키워드, 독자가 가질 이익까지 대변하는 것이 좋다. 작가의 첫 책은 자신을 설명하는 가장 쉬운 방법이 되기 때문에 첫 책의 제목은 길어질 수 밖에 없는 것 같다. 이렇게 제목을 정하는 동안, 제목을 확정하는 순간까지 여러 번 검색을 통해서 같은 이름이 있는지 확인해야 한다.

🕐 1시간 소요 / 퇴고를 너무 어렵게 생각하지 않아도 된다. 퇴고야 말로 실력을 보여 줄 수 있는 기회다. 작가의 언어로 말하고 싶다면, 공들여서 퇴고해야 한다.

지금 돌아보면, 첫 책을 낼 때 퇴고에 시간을 투자하지 않은 것이 가장 후회된다. 처음 글을 쓰기 시작할 때는 초고를 완성하는 것도 어려웠는데 윤문까지 하려니 집중력도 떨어지고, 내가 쓴 글을 내가 고친다고 크게 달라지는 것 같지도 않았다. 퇴고를 하는 둥 마는 둥 급하게 첫 책을 출간했다. 첫 책을 받았는데, 책의 날개 부분에 오타가 있었다. 그토록 기다려왔던 꿈을 이루는 날인데, 표지의 오타는 얼굴을 화끈거리게 만들었다. 모두가 표지의 오타를 못 본 척 하면서 축하를 건넸지만, 한동안 마음이 편치 않았다. 책을 받던 날은 당장 수정해야겠다고 생각했지만, 바쁜 날들을 보내다보니 책을 수정하는 것도 쉽지는 않았다.

책을 낼 때까지는 며칠이고 집중해서 완성했지만, 일단 책이 나오고나면 잘 팔리지도 않는 책을 수정하는데 시간을 투자하기가 힘들다. 책을 내는데 집중한 나머지 긴장도 풀린다. 표지에 있던 오자 때문에 책을 열어보기가 한동안 두려웠다. 만약 퇴고를 하는데 2~3일만 더 투자했더라도, 좀 더 집중을 했더라면 작가가 된 성취감을 만끽할 수 있었을 텐데, 그럴 수 없었다.

퇴고는 더 볼 수 없을 때까지 하는 것이 맞다. 우리가 전문가적인 문장의 글을 낼 수 없다고 하더라도, 최선은 다했다는 것을 보여주는 것이 퇴고다.

윤문은 과거의 나와의 협업/ 지금 생각해보면, 시간을 더 투자했더라도, 결과가 크게 나아졌을 것 같지는 않다. 첫 책을 완성할 때까지 '퇴고'를 이해하

지 못하고 붙잡고만 있었다. 맞춤법 검사를 하고, 원고를 소리 내어 읽어보면서 정리한 뒤에는 어디를 더 어떻게 고쳐야할지 몰랐다. 반복되어 거슬리는 '것이다.' 같은 서술어나 '제가' 같은 주어들만 겨우 정리했다. 그게 끝이었다. 문법적으로는 완벽하지 않지만, 소리내어 읽었을 때 무리가 없고, 의미 전달은 문제없었다. 그렇게 마무리하고 말았다.

두 번째 책을 쓰면서 겨우 윤문을 이해하게 됐는데, 같은 표현이라도 더 효과적인 표현으로 바꾸거나, 설명이 어려우면 예시를 들어가면서 설명을 보충했다. 필요하면 문장의 순서를 바꿔서 재조립 했다. 같은 이야기도 어떻게 보여줄 때 더 효과적인가, 이해가 쉬운가를 생각했다.

초보작가에게 윤문 과정은 가장 효율적인 훈련의 장이다. 한 달 전의 나와 한 달 뒤의 내가 머리를 맞대고 더 좋은 표현을 찾는 과정이다. 한 달 전의 나는 아이디어를 던져 줬다면, 한 달 뒤의 나는 상징과 예시를 추가하고, 올바른 문장으로 바꿔가면서 협업을 하게 된다.

업계 비밀이 보인다/ 책을 쓰다 보면 내용에 따라서 반복되는 표현이 생기기 마련이다. 초고를 쓸 때는 전달하려는 메시지를 중심으로 쓰기 때문에 다양한 표현에 미처 신경쓰지 못하지만, 윤문을 하면서 각 단어의 정확한 의미를 이해하고 다양한 표현으로 바꿔쓰는 연습이 된다. 단정적 표현으로 써야 하는 내용과 권유하는 내용을 구분해서 문장의 강약도 조절할 수 있다. 음악으로 치면 이퀄라이징 과정을 윤

문의 과정으로 볼 수 있다.

　이런 과정을 거치면서, 다른 작가가 쓴 글의 작법도 이해하게 되는데, 문해력을 넘어서서 다른 작가들의 의도를 더 깊이 이해할 수 있게 된다. 드디어 작가들의 업계 비밀을 알게 되었다고 생각이 든다. 윤문은 내가 쓴 글을 매끄럽게 하는 과정이면서, 작가의 소리를 담을 수 있는 과정이다. 평이하게 쓴 문장에 작가만의 위트를 담을 수도 있고, 독특한 표현력을 완성해가는 과정이다. 문학 장르에 속한 글을 쓰는 작가에게는 그야말로 평범한 글을 예술로 바꿔가는 섬세한 다듬기가 윤문이다. 이제는 초고를 완성하고 윤문을 할 때가 되면 한 문단 한 문단을 넘어서면서 설레인다.

　처음에는 주위들은 부사를 **빼라**던지, 접속사를 **빼라**는 말을 강박적으로 받아들였는데,

　"이제, 진짜 어떻게 그런 글을 써야 괜찮은 글로 만들 수 있을지 알 것도 같다."

　위와 같이 쓸데없는 단어인 '진짜, 이제, 어떻게, 그렇게, 것도, 같다' 만으로 이뤄진 문장을 써도 두렵지 않다. 오히려 확신을 가지고 즐겁게, "문법 따위보다 하고싶은 말이 더 중요해."라고 고집을 부릴 수 있게 되었다. 이 문장을 쓰면서 얼마 안 가 후회할까 봐 걱정이 되지만, 윤문은 원고를 마무리하는 고통스러운 과정이 아니라 작가로 빛을 내는 과정이라는 것을 이제는 이해한다. '윤문', 윤기 있게 문장을 다듬는다는 말보다 더 적절한 말을 찾지 못하겠다.

　첫 책에서 배우고 공부해도 가장 이해하기 어려웠던 부분이 윤문이었다. 아무리 노력해도 안개 속을 벗어날 수 없는 기분이었다. 물어볼 사람도 없었지만, 다행히 함께 걸어주는 동료들이 있었다. 이 글이 책의 마무리 단계에서 지쳤을 초보작가에게 힌트가 되었으면 좋겠다.

🕐 1시간 소요 / 글을 쓰는 이유, 작가가 되고 싶었던 이유가 있어서 시작한 글쓰기다. 얼마 남지 않은 마무리를 위해서 이유를 돌아봐야 할 때이다.

─────────────

왜 글을 씁니까?/ 처음 글을 쓰기 시작한 이유는 미래에 대한 불안 때문이었다. 존재에 대한 불안에 더 가까웠다. 미혼에다 이뤄놓은 것도, 내세울 것도 없었다. 잠깐 피었다가 사그러드는 들꽃처럼 짧은 생을 아슬아슬 살아가는 중이었다. 시골로 이사한 엄마는 텃밭과 마당을 가꾸기 시작했는데, 새로 심은 과일 나무의 열매를 따먹는 것이 재미를 넘어서 경이로웠다. 시간이 그토록 빨리 갔으면 하고 바란적이 없었다. 동생은 결혼하고 아이를 키우기 시작하니 흐르는 시간은 생명을 존재하게 하는 에너지였다. 시간은 나에게만 부질없이 흘렀다.

나이가 들어서인지, 시간 앞에서 존재를 증명해야할 것 같은 조바심이 났다. 그래서 당장 나는 어떤 사람이었고, 진심은 어떤 것이었으며, 내 안의 수많은 농담들을 하루 빨리 다 써두어야 했다. 영혼의 모양을 그린 책으로 나를 증명하고 싶었다. 지나고 보니 존재의 증명 같은 것은 좋아보이는 핑계였고, 자격증처럼 존재의 자격을 입증하고 싶은 매우 세속적인 이유로 책을 쓰기 시작했다.

책을 쓰기 전 몇 년동안 혼자 장기 여행을 했었다. 몇 년간 혼자 여행을 하다보면, 세상에 아는 사람 없이 혼자만 남고, 세상은 언제나 낯선 곳이고, 살아가는 방법도 며칠에 한번씩 새로 배워야 한다. 존재하지만, 존재하지 않는 사람이 된다.

글은 세상에서 가장 안전한 은신처였고,

외국어 없이, 어느 나라 사람인지 설명할 필요 없이, 하루를 도란도란 이야기 할 수 있는 친구였고,

외롭거나 서글프지도 않은데 이상한 기분이 들 때 횡설수설 할 수도 있고, 억울하거나 원망스러운 생각이 들지만, 말로 하고 싶지 않을 때 그 무거운 마음을 글 안에 내려놓고 왔다. 세상살이에 무엇이 맞고 틀린지를 헤아려보는 계산을 하기도 하는 아무 말도 다 받아주는 가장 자유로운 곳이었다.

어떻게든 나를 증명하고 싶었던 글은, 점점 하루에도 수십번 들락날락할 수 있는 자유로운 곳이 되고 이유가 되었다.

이렇게 나의 일부가 된 글을 통해서 세상과 이어진 것이 책쓰기이다. 함께 책을 쓰는 과정을 통해서 사람들의 영혼의 모양을 봤는데, 오랫동안 알던 사람도 모르는 진짜 모습을 글을 통해서 볼 수 있었다.

글을 쓰는 이유가 경력 한 줄 때문이든,
존재의 증명 때문이든,
하소연이든, 내 자랑이든
글은 작가를 먼저 바꾼다.

"당신이 무엇을 생각하고 있는지 알수 없다. 글쓰기를 통해 당신이 생각하고 있는 진실을 깨닫게 된다." 애니타 브루크너. 2005.the Rules of Engagement

글을 쓰기 이전에는 들여다볼 생각하지 못 했던 모든 순간과 나 자신을 보게 될 것이다.

당신은 왜 글을 쓰기 시작했습니까?
60일 동안에 답을 얻었기를 바랍니다.

4~5시간 소요 / 『90일^{종이책} 작가 되기』와 중복되는 내용으로 『60일^{종이책} 초고완성』만으로도 원고 완성을 하거나, 투고를 준비할 수 있도록 구성했습니다.

자가출판을 준비했더라도 출판사에 원고를 보내서, 기획출간을 시도해 볼 수 있다. 원고를 투고한다는 것은 출판사에 원고를 보내서, 출판사를 통한 출간이 가능한지를 타진해 보는 것이고, 보통은 이메일이나 웹페이지를 통해서 원고과 출간기획서를 함께 보낸다.

보통 출판사에 원고를 투고 할 때는 책 편집과 표지 디자인을 완성한 뒤에 투고하지 않는다. 심지어는 원고를 일부만 쓰고 원고를 투고하기도 한다. 원고투고에 모두가 성공하면 좋겠지만, 출판사 계약만 바라보고 책을 쓴다면, 원고에서 책이 되지 못하고 서랍 속으로 직행하는 원고가 많아진다. 실제 온라인 강의에서도 투고를 준비하다가 끝내 책을 내지 못한 원고를 들고 오는 분이 많다.

그래서, 내지편집과 표지를 완전히 완성한 상태에서 원고를 투고 하도록 일정을 계획했다. 원고만 완성한 상태에서 투고를 하면, 기약없는 희망으로 내지편집과 표지 만들기를 멈춰버리는 일이 허다하기 때문이다. 투고 이후에 출판사는 친절하게 거절 메일을 보내온다. 한두 번 출간거절 메일을 받다보면, 책을 완성할 동력을 잃는다. 완전히 완성된 원고와 표지가 준비되어 있다면, 부크크에 등록만 하면 책 만들기는 끝난다.

원고투고 프로세스
1. 기획 - 원고완성 or 일부 작성 - 교정,교열 - 출간기획서작성 - 출판사 리스트 작성- 출판사로 투고 - 답신
2. 기획 - 원고완성 - 교정,교열 - 내지편집 - 표지디자인 - 출간기획서 작성 - 출판사 리스트 작성- 출판사로 투고

원고 완성 후 투고해야 하는 이유/ 원고를 완전히 완성하거나, 일부를 작성한 다음 샘플 원고와 출간기획서를 작성해서 출판사에 보낸다. 원고의 일부만 완성했을 경우에는 원고완성 일정도 함께 제출하는 것이 좋다. 투고를 준비할때는 원고를 검토하는 출판사 입장에서 생각해봐야 한다. 이미 완성된 원고와 완성될 원고 중에서 더 선호할 원고는 뻔하다. 출간기획서에 원고가 아직 완성되지 않았다면, 완성된 원고보다 높은 기준이 적용될 것이 뻔하다.

교정된 원고를 보내야 유리하다/ 출판사에 보낼 샘플 원고는 어떨까? 최근 몇 년사이 출판사에 투고하는 원고량이 급격하게 늘고 있다고 한다. 많은 원고를 짧은 시간을 투자해 선별해야 한다. 출판사에서 원고를 검토하는 일은 엑스레이 사진을 판별하는 의사와 비슷한 면이 있다. 우리는 아무리 봐도 모르는 흑백사진이 의사들에게는 의미가 있는 것처럼, 수많은 원고를 봐온 출판사에서는 원고의 몇 문장, 몇 문단만 읽어도 더 검토할 것인지, 거절할 것인지를 판단할 수 있다. 때문에, 노출되는 몇 문장이나 문단에 오타가 있거나 문장의 문맥이 맞지 않다면, 힘들게 출간기획서를 보내고 투고를 한 의미가 없다. 원고를 완성하고 교정, 교열이 끝난 샘플 원고를 보내는 것이 중요한 이유다.

투고과정과 소요기간/ 투고를 할 때는 내 책과 맞는 출판사를 검색해서 출판사 리스트를 작성한다. 원고를 받는 방법은 출판사마다 다른데, 이메일로 투고

를 받는 곳도 있고, 웹페이지에 있는 폼을 작성해야 하는 곳도 있다. 크몽 같은 곳에서 출판사 리스트를 판매하기도 한다. 보통 200~400곳 사이의 출판사에 원고와 출간기획서를 보낸다.

　투고 후 답신은 최소 1주일에서 1달 사이에 받을 수 있고, 생각보다 많은 출판사에서 거절하더라도 답신을 보내준다. <90일 작가되기>온라인 강의에서 출판계약에 성공하신 분들은 대부분 2주안에 연락을 받았다. 투고 과정 자체도 만만치 않다. 출간기획서를 작성해서 메일을 보내는데만도 며칠이 걸리기도 하고, 답신을 기다리기까지 거의 2주 이상 소요된다고 생각하면 된다.

DAY 58 출간 기획서

🕐 2시간 소요 / 『90일^{종이책} 작가 되기』와 중복되는 내용으로 『60일^{종이책} 초고완성』만으로도 원고 완성을 하거나, 투고를 준비할 수 있도록, 담았습니다.

출간기획서는 원고투고의 또 다른 벽이다. 매 단계 글을 쓰는 일이 쉽지 않음을 계속 확인하게 된다. 원고의 매력을 드러내면서, 출판사의 마음을 읽어야 하는 것이 출간기획서다. 가치있는 원고라면 팔리지 않을 것 같더라도 출간해 주는 책에 진심인 편집자가 생각보다 많지만, 기본적으로 출간기획서는 팔릴만한 책이라고 설득하는 것이 중요하다. 출간기획서에 양식이 정해져 있지는 않다. 책의 컨셉과 의도를 잘 설명하기 위한 양식으로 쓰면 된다. 읽는 사람이 내용을 쉽고 빠르게 이해할 수 있게 하는 것이 핵심이다.

원고 투고를 하지 않더라도 출간기획서를 써보는 것도 좋다. 출간기획서를 작성하는 과정에서 자신의 책을 더 잘 이해하게 된다. 자가출판으로 책의 모양과 디자인을 완성할 때 도움이 된다.

출간기획서

가제	제목은 언제든지 바뀔 수 있지만, 책의 대표키워드이면서 컨셉이다. 2~3가지 책의 성격을 드러내는 제목을 쓰면 좋다.
기획의도	기획의도는 책을 쓴 의도가 아니고, 책의 내용도 아니다. 이책의 고유성이고, 독자를 설득할 무기를 보여줘야 한다. 수많은 비슷한 내용의 책들 중에 이 책이 출간되어야 하는 타당성을 보여줘야 한다.
원고분량과 판형	가끔은 책의 분량과 모양이 컨셉을 잘 드러내기도 한다. 전문가용 두꺼운 책인지, 가볍고 예쁜 작은 책인지 설명하면 책을 이미지화 하기 좋다. ex) 7만자 정도, A5판형 100페이지 분량
타겟독자	타겟 독자를 왜 써야 하나 싶지만, 책에서 가장 중요한 부분이다. 타겟 독자층을 설득할 수 있느냐 없느냐에 책의 운명이 달린다. 20대 여성이 좋아하는 책과 40대 남성이 좋아하는 책은 디자인과 제목부터 달라진다. 타겟 독자를 쓸 때 매우 구체적으로 연령대, 성별, 관심사,세대 배경,등을 자세하게 쓰는 것이 좋다. ex) 30대 여성이 공감할 수 있는 여행기로, 퇴사를 꿈꾸는 여성이나, 휴직 후 여행을 꿈꾸는 사람이...
유사도서	같은 장르에 유사도서를 언급하면, 출간기획서를 보는 사람이 책의 의도와 내용을 이해하기 쉽다. 여행기라고 장르만 쓰는 것보다 책의 내용을 쉽게 이해할 수 있다. ex) 자신만만 여행가이드북

차별성	다른 내용과 겹친다면 적지 않아도 좋지만, 비슷한 도서들과의 차별성을 소개하고 설득할 수 있다면, 책의 필요를 설명할 수 있다. 독자 입장에서 필요한 책이라는 내용을 부각시킨다.
장르 원고내용	원고의 일부 내용과 목차는 함께 첨부하는 경우가 대부분이다. 때문에 샘플에 첨부하지 않은 내용이나, 결말, 전체적인 흐름들을 적으면 좋다.
디자인 컨셉	타겟 독자, 장르, 분량과 통일성 있는 디자인 컨셉을 적어도 좋고, 특별히 생각나는 내용이 없으면, 이 항목은 적지 않아도 왼다.
출간시기	완성된 원고인지, 완성된 원고가 아니라면 출간 일정 계획을 적어준다. 책이 특정 일정과 관계된 책이라면 일정과 이유를 적어준다. ex) 시키는 대로 책쓰기는 연초 계획 수립 때 잘 팔릴 수 있는 책으로 신년을 기점으로 출간하면 좋을 것 같습니다.
홍보 방향	홍보 방향은 매우 다양한데, 전문가 집단이나, 커뮤니티를 통한 홍보, 강의나, 방송출연이 가능하다면 모든 가능한 방법을 설명하면 좋다. 출판사도 기본적으로 보도자료를 내주기는 하지만, 적극적으로 책을 판매하는 작가를 좋아하는 것은 당연하다. 인플루언서 관련 책이 많이 나오고 있는 시기 이므로, 팔로워가 많은 사람이라면 반드시 홍보전략으로 소개해야 한다.
작가소개	출판사는 책 판매가 어렵기 때문에 영향력 있는 작가를 좋아하고, 신뢰도 높은 작가를 좋아한다. 때문에 학력과 경력, 판매에 도움이 될만한 경력이 있다면 기입해야 한다.
연락처	본명이나, 필명, 이메일 주소와 연락이 가능한 전화번호를 적어야 한다. 원고가 마음에 든다면 지체없이 전화를 주는 출판사도 많다. ex) 김지혜, 010-0101-0101 ..

가제	
기획의도	
원고분량과 판형	
타겟독자	
유사도서	
차별성	
장르 원고내용	

03

디자인 컨셉	
출간시기	
홍보 방향	
작가소개	
연락처	

1시간 소요 / 이제 원고를 마무리 할 마지막 하루가 남았다. 아쉬움이 없도록, 전체적으로 점검하고 마무리하자.

D-1/ 59일차. 이제 마무리할 시간은 하루 남았다. 퇴고의 시간은 초고를 쓸 때처럼 쫓기지는 않겠지만, 계속 드는 생각은 '일주일만 더 있었더라면', '며칠만 더 마무리할까?' 하는 생각이 매 순간 떠오른다. 원고를 기다리는 사람도 없이 자가출판을 준비한다면 더 더욱 그렇다.

<90일 작가 되기> 온라인 강의를 운영하면서, 거의 완성된 원고를 가진 분들을 많이 만났다. 거의 완성된 원고는 몇 달에서부터 몇 년씩 묵은 것들이었는데, 한동안 서랍 속에서 갇힌 원고들에게도 마감을 넘긴 첫 날이 있었을 것이다. 원고를 재촉하는 편집자가 있다면, 며칠 정도는 넘길 수도 있지만, 자가출판 작가는 아차 하는 순간 일주일이 지나고 거의 완성된 원고는 서랍속에 갇혀서 금세 한 달, 두 달 잊혀져 간다.

일주일 이내의 새 마감을 추가하자/ 혹여 오늘까지 초고가 완성되지 않아서, 마감을 미룰까 고민한다면 고민하지 말고 완성해야 한다. 부득이하게 며칠 더 필요하다면, 오늘 시점에서 새 마감을 정해야 한다. 그 마감도 일주일을 넘기지 말고, 빨리 마감해서 출간기획서를 써서 투고를 하든, 자가출판으로 책을 등록하든 해야 한다. 일주일 이상 넘기면 완성까지 갈 확률이 점점 희박해진다. 이 사실은 내가 강조하지 않아도 우리 모두 경험으로 익히 잘 알고 있다.

한 달이 더 주어진다고, 갑자기 더 좋은 원고가 될 수도 없고, 오늘 완성한다고, 같은 글이 더 나빠지지도 않는다. 다만 지인들이 오타가 많다고 놀릴 수는 있다.

분량이 모자라도 완성이 중요하다/ 매우 세속적인 기준으로 조언하자면, 책을 완성해서 등록하면, 얻을 수 있는 이익은 생각보다 많다. 우리가 자가출판을 위해 이용할 플랫폼 출판사인 부크크에 등록 가능한 최소 분량은 50P부터다. A4 25장 정도 쓰면 책을 만드는 것이 가능하다. 분량이 적어도 일단 등록하자. 자가출판 작가들도 분명히 자신의 책의 완성도와 분량에 대해서 책임져야 한다. 그러나 누구에게나 처음은 있고, 처음부터 잘 할 수는 없다. 문을 열지 않으면 새로운 세상을 볼 기회가 없다는 것을 분명히 기억해야 한다.

얼마 안 가서 지인이 내가 쓴 분량보다 얇은 책을 들고 와서 작가가 되었다고 자랑할지도 모르고, 주변에 사는 할머니가 도서관 수업을 듣고 책을 냈다면서 자랑할지도 모른다. 50페이지를 쓰고 완성한 사람은 작가지만, 200페이지까지 썼더라도 완성하지 않은 사람은 작가가 아니다. 무조건 완성해야 한다.

그때 후회해도 다시 책을 완성할 동력은 없을지 모른다. 먼저 자랑하는 사람이 승자다.

DAY 60 탈고

 1시간 소요 / 원고를 완성하신 것을 축하합니다!!

잘쓰고 싶은 마음은 누구나 같다. 현실적으로 작가라는 이름이 필요해서 빨리 완성해서 작가 타이틀을 달아야지 하고 시작했더라도, 글 앞에서 쓰기 시작하면 희한하게도 잘쓰고 싶은 욕심이 생긴다. 글을 쓰는 행위 자체가 사람을 바꾼다.

롤러코스터 같은 글쓰기/ '글 솜씨가 좀 좋아진 것 같아요.', '글을 너무 못 쓰는 것 같아서 자괴감이 듭니다.' 며칠 사이에 글을 잘 쓴다고 했다가, 못 쓰는 것 같다고 기운이 쭉 빠졌다가 하는 분들이 있다. 글쓰기의 당연한 과정이다. 글솜씨가 좋아지고 있어서 기분 좋은 것은 꾸준한 훈련으로 글쓰기가 수월해지고, 표현력이 좋아지는 것을 깨닫는 것이다. 어젯밤 쓴 글이 너무 부끄러운 날이 있다면, 자신의 글을 객관적으로 볼 수 있는 눈이 있는 것으로 생각할 수 있고, 문제를 고치면 된다. 책은 저자가 제일 많이 본다. 생각에서 꺼내면서 보고, 맥락에 맞게 썼는지 확인하면서 보고, 교정, 교열 하면서 다시 본다. 원고를 완성하는 동안에만도 수십번 보게 된다.

이 과정에서 이전보다 좋아진 글솜씨를 발견하기도 하고, 수많은 좋은 글들과 스스로를 비교하기도 하면서, 잘 쓴것 같아서 신이 났다가. 한없이 자신감을 잃었다가를 반복하게 된다. 주식만 롤러코스터를 타는 줄 알았는데, 글쓰기도 마찬가지다.

이해하게 된 책들의 사정/ 책을 쓰기 시작한 시점에는 서점에 즐비한 책들을 보면서, 매우 쉽게 다른 책들을 비난했다. 요새는 볼 책이 없다면서, 예전에 비해 성의가 없다면서. 책을 쓰다보니 그 사정들이 잘 이해된다. 그 과정을 지나보니 책을 쓰는 것도 만드는 것도 어려운 과정임을 이해했다. 쉽게 비판했던, 그 별로인 책들이 얼마나 괜찮은 책이었던가를 새삼 깨닫게 된다.

어떤 작가는 보여주고 싶은 것이 너무 많았거나, 현생이 바쁜 작가였거나, 글로 바꾸면서 내용이 활기를 잃었거나 수많은 책들의 사정이 이해된다. 우리도 그 많은 이유를 지나왔기 때문이다.

탈고의 의미/ 탈고의 시간 항상 씁쓸하고 쓸쓸해 진다. 탈고는 작가로서 한계를 마주하는 시간이다. 완성의 기쁨과 한계가 함께 밀려온다. 갖은 노력으로 달려왔지만, 완성된 원고를 보면서 뿌듯하기만 한 적은 없었다.

📕 맺음말

_____작가님,

해주고 싶은 말이 너무 많았다.

포기하지 말라는 말부터, 매일 쓰는 법, 책의 미래를 그려보는 법, 그리고 응원.

이 책은 좋은 글에 대한 이야기는 아니다. 완성하는 과정에 대한 책이다. 세속적인 목적으로 우리도 책을 내보자고, 작가가 되어보자고 하는 책이다. 하루 하루 딱 붙어서 글자는 이렇게 하고, 오늘은 3000자를 더 쓰고, 내일은 여기서 부터 다시 시작하라고 하는 책이지만, 그래도 전하고 싶은 말이 많았다. 글을 왜 쓰기 시작했는지, 글쓰는 것이 얼마나 재밌는 일인지 끝없이 이야기 해주고 싶었고, 첫 책을 쓰면서 내가 가졌던 의문도 구구절절 답해주고 싶었다. 함께 글을 쓰는 동료에게 전하는 책이다.

사랑해도 변한다/ 나는 친구도 많지 않고, 사람을 만나는 것도 즐기지 않고, 오로지 바닷가에 앉아서 단것이나 먹으면서 노래나 듣는 사람이라, 몇 년이 지나도 뛰는 일도 없고, 설레는 일도 없이 그날이 그날 처럼 산다. 겁이 많아서 새로운 것도 싫고, 그냥 보낸다.

글을 쓰기 시작하면서, 변한 것은 아무것도 없는데, 가슴이 뛰고 잠이 오지 않는다. 그렇게 설레는 일이 없었다. 그런데, 사랑하는 사람의 태도가 바뀌는 것처럼, 아직도 사랑하는데 행동은 변한다. 사랑하는 마음은 변함이 없고, 생각하면 설레는 데 글을 쓰려고 앉는 일이 그렇게 힘들고, 꾸준히 쓰는 일이 힘들었다. 글을 쓰면서 평소보다 몇 배는 울고, 웃고, 좋았고, 좌절했다. 정신차릴 수 없는 감정기복을 겪으면서 살아있음을 느꼈다.

지난 날을 기억하기도 하고, 뜬금없는 상상에 빠지기도 했다. <90일 작가되기> 온라인 강의를 통해서는 친구같은 작가님들을 만났다. 실제로 만난 사람은 거의 없지만, 나처럼 설레는 마음으로 시작했던 사람, 글에 원망과 사랑과 인생을 내려놓는 사람, 꿈을 담는 사람, 수많은 사람들과 책을 통해서 인생에서 가장 가슴 뛰는 시간을 만났다. 이 책은 많은 사람은 못 만날지 모르지만, 이 책을 손에 든 사람은 그 자체로 심장이 두근거릴 것은 보지 않고도 안다. 이렇게 행복한 미래를 가진 책은 정말 귀하다.

너무 설렌 나머지 하고 싶은 말이 너무 많았다. 글을 쓰는 행복, 우리끼리만의 수다. 게다가 나는 잔소리 많은 친구처럼 '아니 그렇게 하는게 아니라고!!' 이러면서 따라다니고 싶었다. 그런데, 게으름, 아니면 솜씨의 부족으로 다 담지 못했다. 이번 책은 그동안의 경험도 있고, 이미 써놓은 분량이 많았다. 그래서 쉽게 쓸 줄 알았다. 초고의 중반을 지났을때 이미 분량은 차고 넘쳤다. 갑자기 이 책을 두 권으로 나눠서, 매일 쓰는 문제집 처럼 만들어야겠다는 생각으로 지금의 형태로 완성할 수 있었다.

초고 완성이 가장 힘들다/ 책을 만드는 과정 중에서 초고를 쓰는 부분이 가장 어렵다. 몇 년동안 독서 클럽을 운영하고, 글쓰기를 꾸준히 해 온 분들도 초고쓰기에서 도망가거나 좌절을 맞았다. 첫 책의 초고쓰기가 그렇다. 방법도 모르고, 정상이 어딘지도 모르는 산길을 눈감고 올라가는 것이다. 글 재주가 좋은 사람이든 끈기 있는 사람이든 눈 감고 처음가는 길 앞에는 방법이 없다.

진정으로 길잡이가 되어주고 싶었다. 알고보니 초고를 쓰는 일은 세상에서 우리가 가장 사랑하는 일이었고, 마음을 정리하는 일이었으며, 그토록 꿈 꿔온 일이었다. 문제는 모른다는 점 뿐이었다. 잘 쓰는 사람들에게는 당연해져서, 왜 어려운지 모르는 처음 가는 길이다.

혼자 완성할 수 밖에 없는 일/ 초고 쓰는 아무리 좋은 방법을 알려줘도 곁에서 아무리 응원을 해도, 결국 원고는 혼자 쓰는 것이다. 나는 지면에 갇혀서 응원이나 해야 했다. 이 책은 좋은 글쓰기에 대한 책도 아니고, 자기계발서도 아니고, 문제집도 아니다. 짚고 넘어가야하는 문제는 많은데, 딱히 정해진 방법 따위는 없고, 수학 문제처럼 답이 정해진 것도 아니라서 곁에 있어주는 것 외에는, 어떤 말로 응원해야 할지를 고민할 수 밖에 없었다. 나에게 가장 자유로운 세상이었던, 글에 갇혀서 부르는 응원가다. 방법론은 대신 고민 할테니 글쓰기의 즐거움을 만끽했으면 하는 바람을 담아서 썼다. 글은 내가 가장 사랑하고, 나에게 가장 자유로운 세계이며, 책은 나를 가장 설레게한 최고의 사치품이었다.

원고쓰기를 마치고, 맺음말을 다시 읽을 때는 완성한 원고를 제멋대로 무릎에 얹고, 처음 책을 받은 날을 기억하면서, 시원 섭섭한 마음과 함께 글을 쓰는 재미를 이제 좀 알 것 같다면서 공감할 수 있으면 좋겠다.

혼자서 여기까지 오시느라 고생하셨습니다. 동지가 되어주신 것 감사합니다.

올레비엔